Cunoștințe Interzise

Dezvăluind Secretele Civilizațiilor Antice și
Intervenția Extraterestră

Dan Desmarques

22 Lions

Cunoştinţe Interzise: Dezvăluind Secretele Civilizaţiilor Antice şi Intervenţia Extraterestră

Scris de Dan Desmarques

Index

Introducere

Ați simțit vreodată că istoria noastră este mult mai bogată și mai complexă decât ceea ce este prezentat în clase și în manuale? V-ați întrebat vreodată de ce anumite adevăruri par a fi în mod deliberat obscure, făcând ca narațiunea oficială să pară incompletă sau chiar fabricată? Dacă da, nu sunteți singuri. Adevărurile ascunse ale trecutului nostru așteaptă să fie descoperite și a venit timpul să dezvăluim secretele ascunse omenirii timp de milenii.

În Cunoștințe Interzise, ne îmbarcăm într-o călătorie revelatoare prin istoria misterioasă a lumii noastre. În această carte, investigăm secretele civilizațiilor antice, rolul intrigant al extratereștrilor în evoluția noastră și suprimarea sistematică a cunoașterii de către cei puternici. Aceasta nu este doar o colecție de teorii, ci un semnal de alarmă pentru cei care tânjesc să înțeleagă adevărata natură a existenței noastre și să își revendice suveranitatea spirituală.

Prin cercetări riguroase și dovezi convingătoare, explorăm moștenirile civilizațiilor antice avansate, precum Atlantida și Lemuria, dezvăluind influența lor profundă asupra lumii moderne. Analizăm implicarea ființelor extraterestre, de la ingineria genetică a Anunnaki la înțelepciunea divină atribuită zeilor egipteni. De asemenea, expunem tacticile folosite de puterile în stat pentru a suprima aceste cunoștințe, inclusiv manipularea educației și a mass-mediei și utilizarea pe scară largă a dezinformării.

Cu toate acestea, Cunoștințe Interzise nu expune doar înșelăciunile trecutului; de asemenea, încearcă să îmbrățișeze adevărurile prezentului și să imagineze un viitor care să ne onoreze potențialul divin. Redescoperind adevăratele mesaje ale figurilor iluminate, ne putem elibera de constrângerile dogmei religioase și ne putem crește conștiința. Această călătorie ne încurajează să recunoaștem interconectarea tuturor ființelor și importanța vitală a compasiunii, empatiei și unității.

Dacă sunteți gata să puneți la îndoială narațiunile care ne-au fost impuse și să căutați adevărurile profunde care se află dincolo de vălul înșelăciunii, atunci această carte este pentru dumneavoastră. Călătoria către eliberarea spirituală este pavată cu cunoaștere, înțelegere și curajul de a contesta status quo-ul. Este o călătorie care ne invită să înfruntăm umbrele trecutului nostru și să căutăm lumina adevăratului nostru potențial. Dacă sunteți gata să descoperiți adevărul, începeți astăzi această călătorie extraordinară.

Prefață

Într-o lume în care relatările oficiale ale istoriei par adesea incomplete sau fabricate, mulți dintre noi simt o curiozitate persistentă și dorința de a descoperi adevăruri care au fost ascunse timp de milenii. Cunoștințe Interzise vă invită într-o călătorie revelatoare prin istoria misterioasă a lumii noastre, explorând secretele civilizațiilor antice și rolul intrigant al extratereștrilor în evoluția noastră. Mai mult decât o simplă colecție de teorii, această carte este un apel clar pentru cei care tânjesc să înțeleagă adevărata natură a existenței noastre și să își revendice suveranitatea spirituală. Prin cercetări riguroase și dovezi convingătoare, ne adâncim în moștenirile civilizațiilor antice avansate și dezvăluim influența lor profundă asupra lumii moderne. Pe măsură ce pornim în această călătorie, suntem încurajați să punem la îndoială narațiunile care ne sunt impuse și să căutăm adevărurile ascunse în spatele vălului decepției.

Capitolul 1: Dezlegarea secretelor civilizaţiilor antice

Până când omenirea nu va depăşi diviziunile imaginare ale culturii, naţionalităţii şi religiei şi nu va începe să cultive compasiunea, înţelegerea şi empatia, lumea va continua pe calea sa distructivă. Competitivitatea şi mândria tribală nu ne pot conduce către un viitor în care civilizaţiile extraterestre ne pot ajuta să evoluăm. Acest tip de gândire ne subminează capacitatea de a coopera şi de a ne sprijini reciproc. Viziunea ierarhică şi dualistă asupra realităţii trebuie să înceteze. Dacă acest lucru nu se întâmplă şi oamenii se agaţă de credinţe rigide şi învechite despre Dumnezeu şi religie, în special cele ale religiilor abrahamice, nu va exista nicio speranţă de evoluţie pe această planetă. Superstiţia va prevala, iar cei care venerează fiinţe cu intenţia de a menţine omenirea în sclavie vor readuce planeta la o stare primitivă, confundată cu raiul.

Istoria ne arată că oamenii nu sunt în mod inerent buni sau răi din cauza afilierii lor, ci din cauza credinţelor şi acţiunilor lor. Răul este prezent în toate culturile şi religiile. Egiptenii nu au fost singurii care au înrobit oameni; imperiile portughez şi spaniol, sub influenţa Vaticanului, au creat, de asemenea, un regim global bazat pe sclavie. Imperiul Roman a înrobit 40 % din populaţia sa, chiar şi după ce a devenit Sfântul Imperiu Catolic, iar la un moment dat în istorie, Grecia avea mai mulţi sclavi decât cetăţeni greci. De asemenea, creştinii europeni au persecutat şi ucis mulţi evrei. Astăzi, în Israel, evreii sunt acuzaţi că oprimă poporul palestinian, care are o relaţie istorică şi genetică mai strânsă cu evreii biblici decât cu cei care ocupă Israelul, mulţi dintre aceştia provenind din alte părţi ale lumii, în special din Europa de Est.

Dumnezeul lui Moise poate fi portretizat ca Dumnezeul celor oprimaţi, însă relatările religioase prezintă o poveste diferită. Când evreii au părăsit Egiptul cu Moise, s-au căit de plecarea lor, au cerut să se întoarcă în vechiul lor pământ şi au început să se închine zeilor egipteni. Conform acestor relatări, aproape toţi au fost ucişi de Dumnezeul lui Moise şi nu au ajuns la destinaţie. Cei care au ajuns la destinaţie au devenit asupritori, purtând război împotriva tuturor triburilor în numele Dumnezeului lor, ucigându-i pe toţi cei care li se opuneau, inclusiv femei şi copii.

În plus, ideea că Dumnezeul lui Moise şi zeii egipteni erau opuşi este o concepţie greşită. Egiptenii aveau două religii: una pentru oamenii de rând şi una pentru nobilime. Ei nu au încetat niciodată să creadă în Dumnezeul creaţiei. La fel ca zeii greci similari, zeii egipteni sunt interpretări populare ale poveştilor sumeriene. Cele Zece Porunci dezvăluie, de asemenea, cruzimea şi răutatea care predominau printre primii evrei. De ce să spună „Să nu ucizi", „Să nu comiţi adulter" şi „Să nu furi" dacă acestea nu erau practici comune printre ei?

Cruzimea a predominat în rândul diferitelor culturi și religii, dar povestea noastră are mai multe versiuni și nu poți avea decât o singură versiune, în funcție de cine o spune și de locul în care este spusă povestea. Se presupune că multe rase extraterestre au intervenit în evoluția noastră socială, culturală și religioasă, iar diferențele noastre ne îmbogățesc tocmai datorită acestui trecut. Nu putem eticheta cine este rău sau bun pe baza naționalității, etniei, religiei sau chiar a planetei de origine; altfel, majoritatea rasei umane ar trebui să fie clasificată ca fiind foarte periculoasă și de neîncredere. Binele și răul provin din motivațiile noastre interioare și suntem influențați de ceea ce ne înconjoară și de ceea ce consumăm, nu doar alimente, ci și vibrații, energie, informații și ideologii.

Ne creăm proprii dumnezei atunci când alegem ideologia cu care ne identificăm, dar numai cei foarte nebuni ar fi mulțumiți de o stare de sclavie mentală precum cea promovată de unele interpretări religioase. De când știința a început să studieze ADN-ul uman, multe credințe despre natura noastră s-au schimbat. Cu toate acestea, mulți oameni rămân blocați în credințe învechite și primitive. Foarte puțini oameni sunt interesați să corecteze greșelile trecutului, motiv pentru care există încă atât de multe cărți în sistemul educațional care predau lucruri greșite. Societatea pare mai interesată de menținerea status quo-ului decât de explicarea presupunerilor sale din trecut. Schimbările majore ar avea probabil efecte imprevizibile și nimeni nu pare dispus să își asume responsabilitatea pentru modul în care societatea ar reacționa la ceea ce se știe astăzi.

Capitolul 2: Căutarea unită ii într-o lume divizată

Mulți credincioși religioși desconsideră faptele și adevărurile, considerându-se deasupra oricărei prezentări de dovezi concrete. Am crezut cândva că oamenii de peste 80 de ani ar fi diferiți, dar, în schimb, ei au demonstrat consecințele unei vieți întregi de credințe nefondate. Aceste persoane au crezut cu adevărat că ar trebui să mă învețe, nu să învețe, și, prin urmare, au ratat ocazia de a primi ceea ce se rugau să primească. Cred acest lucru deoarece mulți au mărturisit că au îndoieli cu privire la subiectele despre care scriu, dar nu mi-au citit cărțile sau nu m-au rugat să le împărtășesc cunoștințele mele. Ei nu pot depăși teama și superstiția care le fac rugăciunile ineficiente.

Mulți dintre cei care se roagă își lipsesc de respect pentru că resping cele două modalități principale prin care universul răspunde: prin persoane din afara comunității lor religioase și prin cei inspirați de Creator. Creatorul, care transcende religia, îi ajută pe toți cei care îl caută. Ceea ce te rogi, primești, chiar dacă nu este ceea ce te aștepți. Problema cu religiile monoteiste nu este credința într-un singur

Dumnezeu, ci reprezentarea lui Dumnezeu în textele lor ca fiind singurul adevărat.

Luați în considerare, de exemplu, un musulman și un creștin care se roagă la Dumnezeu pentru răspunsuri găsite în cărțile lor respective. Atunci când se întâlnesc, ei nu se pot auzi reciproc, deoarece sunt de religii diferite. Pentru a ilustra absurditatea acestui comportament, imaginați-vă că ați putea consulta doar un medic din propria comunitate religioasă. Câți medici ați găsi? Dacă interacțiunile noastre ar fi măsurate în funcție de credințele religioase, societatea ar fi disfuncțională. Totuși, acest lucru se întâmplă atunci când oamenii refuză să învețe despre spiritualitate de la cineva din afara comunității lor religioase. Această ipocrizie generalizată sugerează că Dumnezeu ignoră dorințele adepților săi dacă aceștia nu aderă la o anumită religie.

Adevărul nu aparține niciunei religii, deoarece religiile sunt încercări umane de a înțelege viața. Aroganța și ipocrizia îi fac pe oameni surzi, iar ignoranța orbi. Atunci când un grup religios se închină unui Dumnezeu greșit prin practicile sale, acesta urmează o doctrină falsă. Aceste doctrine se bazează istoric pe nevoia oamenilor de simplificări, interpretări liniare, fantezii și modalități de a-și satisface superstițiile. Ei nu sunt pregătiți pentru o abordare mai directă a adevărului, mai ales dacă acesta le contrazice valorile, ceea ce dovedește că religia este mai mult în acord cu invențiile umane decât cu faptele.

Spiritualitatea înrădăcinată în adevăr și în originile noastre umane este prea complexă pentru limitele oamenilor obișnuiți și poate fi înțeleasă doar prin misticism și fantezie. Prin urmare, există

multe lucruri ascunse în spatele simbolurilor şi alegoriilor pe care
o minte pregătită le poate interpreta mai profund decât mintea
obişnuită. Mintea obişnuită are dificultăţi în a-şi înţelege propria
identitate, ceea ce face imposibilă transcenderea şi trecerea la o
viziune mai sublimă şi mai cuprinzătoare a vieţii. Mintea obişnuită
nu realizează că ura pe care o nutreşte împotriva duşmanilor străini
se află în inimile celor care sunt ataşaţi cu înverşunare de dogmele
lor.

Autoignorarea este evidentă atunci când oamenii îşi urăsc
invadatorii şi colonizatorii fără să-şi dea seama că sunt descendenţi
ai unor astfel de oameni. Este şi mai absurd când sunt mândri de o
ţară cu graniţe care nu au niciun sens. Este o nebunie să fii mândru
de o naţiune pe care strămoşii tăi au ocupat-o cu forţa. Această
absurditate descrie cu exactitate situaţia multor naţiuni.

Îmi amintesc, de exemplu, o femeie lituaniană care vorbea despre
ruşii teribili din timpul ocupaţiei sovietice. Cum numele ei era
rusesc, i-am spus: „Practic, vă urâţi unii pe alţii şi sunteţi mândri de
o naţiune care nici măcar nu este a voastră!" La fel, am auzit odată
un brazilian criticându-i pe portughezi pentru că au colonizat
Brazilia. L-am întrebat dacă are strămoşi portughezi, iar el mi-a
spus că da, că au fost bunicii lui. Atunci i-am răspuns: „Deci,
practic, urăşti ceea ce au făcut proprii tăi strămoşi". În sudul
Spaniei, am observat un rasism semnificativ împotriva arabilor,
mai mult decât în Franţa, ceea ce este ironic, deoarece musulmanii
au cucerit toată Spania, cu excepţia Franţei, şi au rămas la putere
timp de secole. Cât de spaniolă este Spania după aproape opt secole
de dominaţie islamică? De asemenea, mă întreb dacă spaniolii

folosesc oglinzi pentru a se vedea cu exactitate, din moment ce mulți arată ca arabii.

Capitolul 3: Contestarea dogmei religioase

Cetățenii americani își exprimă adesea îngrijorarea cu privire la așa-numita invazie mexicană și la predominanța limbii spaniole în multe părți ale Statelor Unite. Cu toate acestea, ei ignoră adesea faptul istoric că aceste regiuni au fost inițial parte a Mexicului. Nu este vorba atât de mult de faptul că mexicanii vin în Statele Unite, ci de faptul că se întorc pe pământurile lor ancestrale. În esență, nu este vorba de o invazie, ci de o recucerire a pământurilor ancestrale.

În plus, ce este un american fără să cunoască pow wow-ul? Mulți americani nu știu despre această tradiție, care aparține nativilor americani, locuitorii originari ai țării. Cu toate acestea, xenofobia și rasismul persistă în rândul multora, ascunse în spatele unui sentiment greșit de mândrie față de un pământ pe care l-au ocupat strămoșii lor.

Naționalismul mascheză adesea o ignoranță profundă a propriei identități, a propriei istorii și chiar a propriei origini genetice.

Această ignoranță se extinde la credințele spirituale, care se află adesea la un nivel cognitiv la fel de scăzut, după cum reiese din mândria față de religiile bazate pe fundamente discutabile, cum ar fi religiile abrahamice. Nu este surprinzător faptul că mulți sunt deconectați de subiecte precum reîncarnarea și viața extraterestră, deoarece aceste adevăruri le contestă mândria față de genele, aspectul, națiunea, religia și dogmele lor.

Atunci când discutăm despre civilizații avansate, uităm că acestea par îndepărtate doar din cauza ignoranței noastre. Dacă am putea evolua pentru a accepta aceste dovezi, am putea lăsa deoparte monoteismul bazat pe superstiție și teamă și am putea construi o adevărată comunitate de călători intergalactici în spațiu. Ideea că locul unei persoane este într-un loc și al alteia în altul și că nu facem toți parte din aceeași familie într-o minge uriașă care zboară prin spațiu este o viziune simplistă asupra vieții care ne limitează potențialul.

Istoria umanității pe această planetă ne arată că, în ciuda diviziunilor impuse de religiile monoteiste, suntem cu toții una. America de Nord și America de Sud, de exemplu, sunt formate din oameni care au fugit de sărăcia, războaiele și persecuțiile religioase din Europa, precum și din descendenți ai colonizatorilor spanioli și portughezi, teritorii ocupate de musulmani timp de aproape opt secole. Locuitorii originari ai Americii de Nord, nativii americani, s-au dovedit a fi descendenți ai asiaticilor, cu cea mai veche legătură genetică în Siberia, actuala Rusie.

Popoarele asiatice care ocupă astăzi China, Rusia, Japonia și zonele învecinate sunt descendente ale unei civilizații care a ocupat oraşe scufundate în Oceanul Pacific. Mulţi ruşi moderni sunt descendenţi ai slavilor care au fugit de persecuţiile mongole din Europa de Est, în timp ce europenii sunt descendenţi ai africanilor care au migrat spre nord în timpul Imperiului Roman, în special ca sclavi, un proces care a durat 1 480 de ani şi s-a extins la multe regiuni din Africa de Nord.

Conform studiilor genetice, nu au existat înregistrări sau dovezi ale prezenţei caucazienilor în Europa până acum aproximativ 8.500 de ani. Abia în urmă cu aproximativ 7.700 de ani au apărut primele dovezi ale unor oameni „palizi, cu ochi albaştri", găsite în ceea ce este acum Suedia. La acea vreme, oamenii din centrul şi sudul Europei aveau pielea mai închisă la culoare. Deşi opiniile pot diferi, este probabil că răspândirea oamenilor caucazieni în Africa de Nord şi în restul Europei a fost forţată de sclavie. De fapt, cuvântul „sclav" provine din cuvântul „slav". Slavii, care locuiau o mare parte din Europa de Est, au fost luaţi ca sclavi de către musulmani.

Slavii au ieşit din obscuritate, iar mulţi cercetători îi consideră vikingi scandinavi, o ramură a varangiilor, care s-au mutat spre sud de pe coasta baltică şi au fondat primul stat consolidat în rândul slavilor din est, cu sediul la Kiev. Cu toate acestea, există date despre expediţii vikinge în Iran încă din 1036 şi în America de Nord chiar înainte de această dată. Unii cred că vikingii făceau deja comerţ cu China la acea vreme. De asemenea, este interesant de observat că sclavii, sau şerbii, erau printre cele mai importante bunuri comercializate de vikingi. Aceştia îi achiziţionau în special în expediţiile în Europa de Est şi Insulele Britanice. Îi puteau achiziţiona şi acasă, deoarece infracţiuni precum crima şi furtul erau pedepsite cu sclavia.

Nu este greu de presupus că slavii sunt descendenţi ai sclavilor vikingi duşi în Iran şi schimbaţi pentru infracţiunile comise în ţara lor natală. Ei erau marfa vikingilor, una dintre cele mai valoroase pentru comerţ. Această ipoteză este susţinută de faptul că unii atribuie originea slavilor Iranului, deoarece aceştia au migrat ulterior în Europa de Est şi în zonele neocupate ale Germaniei şi ale restului Europei. În mod clar, aceştia fugeau de stăpânii lor din Iran şi nu exista opţiunea de a migra spre nord, la oamenii care îi expulzaseră. Aşa că au migrat spre est şi mai târziu spre vest.

Prin urmare, slavii îşi pot urmări originile până la criminalii vikingi şi sclavii iranieni, în timp ce Suedia este ţara originală din care au apărut primele trăsături caucaziene cu ochi albaştri, mult mai recent decât în alte părţi ale lumii. Acest lucru ne face să credem că asiaticii şi africanii au fost printre primele popoare care au apărut pe Pământ şi că arabii au apărut probabil ca un hibrid al celor două. Totuşi, această posibilitate este contrazisă de tăbliţele sumeriene, care plasează naşterea civilizaţiei în Mesopotamia. Ar putea fi posibil ca nu una, ci mai multe rase extraterestre să fi intervenit în originea noastră?

Capitolul 4: Migrația și identitatea

Dovezile științifice indică faptul că primele înregistrări ale vieții umane sunt localizate în Africa, în special în regiunile sudice bogate în aur. Aceste înregistrări datează de acum aproximativ 2,4 milioane de ani. În această zonă au fost descoperite mai multe specii umanoide, inclusiv Homo habilis, Homo rudolfensis, Homo erectus, Neanderthal și Denisovan. Deși unii speculează că primii oameni au fost modificați genetic pentru a extrage aur, această ipoteză simplifică prea mult istoria omenirii. Este posibil ca diferite entități extraterestre să fi avut scopuri diferite pe Pământ. În plus, ignorăm adesea informațiile vaste ascunse sub oceanele noastre și contradicțiile frecvente cu care se confruntă arheologii. Evoluția liniară este greu de dovedit în mod concludent.

Numeroase rase extraterestre ar fi manipulat genele umane pe întreaga planetă și în afara ei, posibil chiar aducând oameni din alte lumi. Această ipoteză sugerează că Pământul ar putea să nu fie singura planetă locuită de oameni. De fapt, unele teorii sugerează că specia umană este una dintre cele mai răspândite în univers. Diferitele rase umane întâlnite în întreaga lume sunt o dovadă în acest sens. Cu toate acestea, noţiunea de superioritate caucaziană - o credinţă adoptată de nazişti şi încă susţinută de unii în SUA şi Europa - este nefondată şi ilogică.

Istoria noastră interconectată şi originile noastre genetice diverse evidenţiază unitatea fundamentală a umanităţii. Diviziunile promovate de religiile monoteiste şi ideologiile naţionaliste sunt construcţii artificiale care ne întunecă moştenirea şi destinul comun. Pentru a progresa ca specie, trebuie să ne îmbrăţişăm trecutul colectiv şi să luptăm pentru un viitor ghidat de compasiune, empatie şi înţelegere, mai degrabă decât de frică, ură şi ignoranţă. Este important de reţinut că caucazienii descind din grupuri istorice violente şi au fost una dintre ultimele rase care au apărut pe Pământ. Mulţi au fost înrobiţi de Imperiul Roman şi de arabi, ceea ce a dus la dispersarea şi traficul lor ca servitori şi lucrători sexuali, contribuind la varietatea de pigmentare observată în diferite regiuni.

În ceea ce priveşte pigmentarea pielii, merită subliniat faptul că, în ciuda discriminării împotriva persoanelor cu pielea închisă la culoare în unele culturi asiatice, pigmentarea închisă la culoare este mai potrivită pentru planeta Pământ, în special pentru populaţiile care trăiesc la sud de ecuator. Pe măsură ce o persoană se deplasează la nord de ecuator, este de aşteptat ca urmaşii să aibă mai multe şanse de a dezvolta o piele mai deschisă, din cauza expunerii mai reduse la lumina soarelui. Acest transfer genetic devine evident atunci când indivizi din medii diferite au copii, anumite gene devenind dominante în funcţie de regiune şi de ascendenţa genetică a părinţilor.

Persoanele cu pielea deschisă la culoare se confruntă adesea cu provocări în medii cu lumină solară intensă şi sunt expuse riscului de arsuri solare, cu excepţia zonelor cu expunere limitată la soare. Este plauzibil ca cei care au trăit în peşteri timp de generaţii, subzistând cu fructe sălbatice şi carne uscată, să fi dezvoltat această pigmentare, în timp ce populaţiile predominant vânătoare au dezvoltat trăsături care le-au perfecţionat abilităţile de vânătoare. Chiar şi climatul rece este adesea intolerabil pentru caucazieni, ceea ce sugerează că aceştia au dezvoltat caracteristici care sunt mai puţin adaptabile la planetă. Cu toate acestea, ei sunt adesea văzuţi ca fiind „rasa principală" şi, potrivit diferitelor studii, sunt prima alegere pentru femeile aflate în căutarea unui partener.

Acest lucru ridică întrebări cu privire la conceptul nostru de frumuseţe şi la posibila sa origine genetică. Suntem predispuşi să admirăm persoanele cu pielea mai deschisă? De ce creştinii îl portretizează în general pe Iisus ca fiind alb şi se supără atunci când este portretizat ca palestinian sau arab, chiar dacă aceasta este probabil adevărata sa înfăţişare, dacă a existat vreodată? Sau acest lucru este legat de tendinţa unor oameni de a fi atraşi de anumite trăsături de personalitate?

Violenţa istorică asociată cu societăţile dominate de caucazieni este bine documentată, inclusiv genocidurile comise de diverse imperii şi naţiuni. Violenţa şi încălcarea limitelor par să fie teme recurente în anumite societăţi dominate de caucazieni de-a lungul istoriei. Aşadar, este mai natural ca toate rasele de pe Pământ să se amestece decât să se divizeze şi să concureze pentru supremaţie. Între timp, este ironic faptul că două dintre superputerile lumii, Rusia şi

America de Nord, au format o „centură nordică" contestată, bazată pe migrația și conflictele popoarelor caucaziene.

Deși nu este corect sau precis să acuzi o întreagă rasă de rasism inerent, istoricul genocidelor conduse de caucazieni împotriva populațiilor indigene este incontestabil și profund îngrijorător. Anumiți colonizatori caucazieni au eliminat sistematic populațiile și neamurile genetice ale popoarelor indigene. Impulsionate de expansiunea imperialistă și de ideologiile rasiste, aceste atrocități au distrus aproape complet aceste comunități, cu consecințe devastatoare care au repercusiuni și astăzi.

Capitolul 5: Tapiseria bogată a evolu iei umane

De-a lungul istoriei, religiile, valorile şi viziunile asupra lumii dominante au fost adesea adoptate de la populaţiile genocidare, în loc să reflecte adevărata diversitate şi spiritualitate a umanităţii. Războaiele imperialiste purtate de Statele Unite ale Americii, Marea Britanie şi Rusia exemplifică modul în care aceste mentalităţi prădătoare au persistat, învăluite în retorica eliberării şi a dreptăţii religioase.

O formă deosebit de pernicioasă de rasism este tendinţa de a corela culoarea pielii cu spiritualitatea şi rasele străine. Această corelaţie a fost adesea folosită pentru a legitima supremaţia populaţiilor caucaziene şi dogmele lor religioase. Afirmaţiile despre îngeri şi extratereştri cu trăsături albe şi nordice nu sunt susţinute de fapte şi servesc, de asemenea, la perpetuarea prejudecăţilor rasiale dăunătoare.

Este profund deranjant faptul că aşa-numiţii „guru spirituali" şi autori occidentali continuă să promoveze aceste naraţiuni rasiste, folosind fenomenul contactului cu extratereştrii pentru a da crezare unor afirmaţii absurde şi discriminatorii. Aceste persoane trebuie trase la răspundere pentru rolul lor în răspândirea dezinformării şi perpetuarea stereotipurilor rasiale dăunătoare.

Unele dintre cele mai proeminente persoane contactate, precum Billy Meier, au declarat public că nu există nicio tendinţă evolutivă spre pielea albă în rândul pleiadienilor sau al oricărei alte specii extraterestre cunoscute. De fapt, extratereştrii, indiferent dacă au sau nu aspect uman, sunt susceptibili de a dezvolta o gamă mai largă de pigmentaţie datorită condiţiilor planetare diferite la care sunt expuşi. Acest fenomen reflectă modul în care oamenii de pe Pământ s-ar adapta la circumstanţe similare.

Un alt fals perpetuat de înşelători este afirmaţia conform căreia pleiadienii sunt membri ai unei alianţe de civilizaţii care primesc sfaturi de la fiinţe din Andromeda. Această presupusă alianţă ar include mii de societăţi răspândite în galaxia Andromeda şi în Calea noastră Lactee, cu o populaţie totală de aproximativ 127 de miliarde de fiinţe. Absurditatea acestei afirmaţii este evidentă: ea implică faptul că aşa-numiţii Pleiadieni cu pielea albă ar fi inferiori unei populaţii de fiinţe cu pielea albastră sau verde. Cum ar putea fi valabilă această idee?

Billy Meier a recunoscut existenţa unei mari varietăţi de nuanţe ale pielii în rândul civilizaţiilor extraterestre avansate, inclusiv negru. Această diversitate se extinde la populaţiile care seamănă cu oamenii. În plus, conceptul unei ierarhii bazate pe tonul pielii este ilogic atunci când este privit din perspectiva reîncarnării. Dacă fiinţele umane nu ar evolua prin diferite experienţe, ci ar progresa spre un anumit punct final, principiile ştiinţei spirituale şi-ar pierde sensul.

Reîncarnarea constă în cicluri de experienţe în corpuri şi genuri diferite, un concept budist cunoscut sub numele de samsara. Aceste experienţe nu pot fi corelate cu culoarea pielii, deoarece pigmentarea nu are nicio influenţă asupra lecţiilor spirituale esenţiale pe care trebuie să le învăţăm pentru a îmbrăţişa perspective diferite. Transcendem tărâmul terestru atunci când nu mai avem nevoie de experienţe şi perspective suplimentare pentru a înţelege natura sufletului. Această stare se numeşte iluminare. Ea nu reprezintă libertatea absolută, ci o eliberare parţială asociată cu eliberarea din ciclul samsarei pe această planetă. Odată eliberată, fiinţa este liberă să îşi continue călătoria spirituală în altă parte, cu o viziune mai largă şi mai expansivă asupra vieţii.

În acest context, un Starseed este o persoană care poate că a existat anterior pe Pământ, dar care a fost eliberată pentru a explora alte tărâmuri şi se întoarce voluntar pentru a ajuta la ascensiunea spirituală a altora. Această misiune întruchipează valorile spirituale superioare asociate cu altruismul, deşi este exprimată la un nivel de densitate mai scăzut în ceea ce priveşte spectrul vibraţional. Noi toţi facem parte dintr-o vastă familie interplanetară, iar oamenii nu sunt fiinţe izolate, legate de o singură planetă. În consecinţă, un Starseed se poate naşte în diferite părţi ale lumii şi în cadrul diferitelor culturi, în funcţie de natura misiunii pe care trebuie să o îndeplinească şi de caracteristicile sale spirituale unice.

Deoarece indivizii pot părăsi şi reveni pe planetă după bunul plac, este, de asemenea, posibil ca ei să se întoarcă pe aceeaşi planetă din cauza lipsei de liber arbitru şi să renască în culturi diferite, experimentând tradiţii şi religii diferite. În cele din urmă, cei mai eliberaţi indivizi sunt cei care nu sunt ataşaţi de corpurile lor sau de patrie şi care sunt liberi să înveţe de la alţii. O persoană care poate călători, de exemplu, se află într-o călătorie spirituală pentru că are ocazia de a-şi extinde conştiinţa. Din păcate, mulţi irosesc această oportunitate concentrându-se asupra plăcerilor materiale, momente de lene şi indulgenţă, ceea ce duce adesea la o socoteală karmică mai târziu în viaţă, având ca rezultat pierderea a tot ceea ce credeau că pot păstra la nesfârşit.

Capitolul 6:
Desființarea miturilor rasiale

Deși avem dreptul să ne bucurăm de darurile vieții, este o risipă să nu le vedem ca pe niște oportunități de a transcende în tărâmuri mai înalte și de a contribui mai mult la planetă. Este posibil ca oportunitățile să nu se prezinte în același mod în vieți diferite, iar multe lucruri pot fi uitate cu ușurință. Ceea ce creăm într-o viață poate și, cel mai probabil, va fi experimentat în următoarea. Prin urmare, este înțelept să cultivăm karma bună și să lăsăm amintiri pozitive care pot fi ușor accesate prin experiență directă. În acest sens, asocierea culorii pielii cu progresul spiritual nu este doar absurdă, ci indică și o neînțelegere profundă a ceea ce presupune cu adevărat spiritualitatea. Astfel de convingeri reflectă o deficiență cognitivă și o lipsă de conștiință.

Din nefericire, multe persoane care au aceste opinii ocupă poziții proeminente în biserici și în alte comunități. Este la fel de absurd să credem că multe civilizații africane sunt mai puțin avansate decât unele din Europa de Est, mai ales având în vedere că albii au fost considerați ignoranți, necivilizați și înrobiți timp de secole în timpul Imperiului Roman. În plus, dovezile arheologice indică în mod clar că cele mai avansate civilizaţii din trecut se aflau în India, Africa de Nord, America de Sud şi Orientul Mijlociu. Aceste culturi au fost printre primele care au documentat contactul şi încrucişarea cu extratereştrii în textele lor religioase şi au fost, de asemenea, pioniere în crearea de naraţiuni religioase bazate pe aceste întâlniri.

Ideea de superioritate rasială nu este doar falsă, ci şi periculoasă. Ea alimentează diviziunea, ura şi violenţa. Interconectarea istoriei noastre şi originile diverse ale constituţiei noastre genetice subliniază unitatea umanităţii. Pentru a progresa ca specie, trebuie să ne îmbrăţişăm trecutul colectiv şi să luptăm pentru un viitor ghidat de compasiune, empatie şi înţelegere, mai degrabă decât de frică, dezbinare şi ignoranţă. Remarcabil, cele mai vechi scripturi religioase descoperite vreodată provin din Irak şi India. Aceste fapte sunt abundente şi suficiente pentru a discredita ideea că o persoană cu pielea albă este superioară celor cu piele diferită sau mai închisă la culoare.

Din păcate, mulţi oameni din lume nu au cunoştinţe istorice şi sunt uşor păcăliţi de ignoranţa lor, devenind victime ale unor teorii nefondate. Această ignoranţă este unul dintre principalele motive pentru care rasismul persistă. Nimeni nu este mai evoluat decât altul doar din cauza culorii pielii şi este o prostie să credem că culoarea pielii conferă un statut special. Evoluţia nu are nimic de-a face cu rasismul, iar conceptul de reîncarnare subminează valoarea acestor atitudini. În contextul reîncarnării, un rasist reprezintă cea mai joasă manifestare spirituală, deoarece ignoră nu numai sensul fiinţei umane, ci şi esenţa sa spirituală.

Neînțelegând nemurirea sufletului, rasistul se condamnă la o viață de ură de sine și este forțat să învețe lecții de natură spirituală inferioară și densitate fizică ridicată. Putem vedea consecințele acestor convingeri la mulți oameni care au pierdut totul și au fost umiliți de circumstanțe neașteptate. Mulți cetățeni americani și britanici, de exemplu, s-au trezit trăind ca cerșetori fără adăpost în regiuni considerate acum țări din lumea a treia, în care se bucurau cândva de o imagine de superioritate culturală.

În plus, este absurd să se sugereze că unii oameni aparțin anumitor părți ale lumii, în timp ce alții aparțin altor regiuni. Mediul în care trăim ne modelează experiențele și, prin asocierea identității noastre cu un anumit loc - în special cu locul în care ne-am născut - ne limităm opțiunile. Nimeni nu aparține cu adevărat unui anumit loc pe baza pigmentării sau a cetățeniei. Aceste concepte sunt construcții umane și evoluții relativ recente.

În antichitate, în timpul epocilor romană, greacă și chineză, granițele teritoriale erau în general fluide și nu erau aplicate la fel de strict ca în prezent. În general, călătoriile în interiorul imperiilor erau libere, deși existau puncte de control și vamă la frontiere. Călătoriile erau frecvente, în special pentru comerț, pelerinaj și război. Abia între secolele XV și XVII, odată cu apariția statelor naționale în Europa, frontierele au început să fie definite mai formal.

Tratatul de la Westfalia din 1648 este adesea citat drept punctul de cotitură, deoarece a stabilit conceptul de state suverane cu teritorii definite. Cu toate acestea, călătoriile în interiorul și între aceste state au rămas relativ libere până în secolele al

XVIII-lea şi al XIX-lea, când a fost introdus sistemul de paşapoarte pentru a controla şi monitoriza circulaţia, în special în perioade de conflict. Sistemul modern de paşapoarte, caracterizat prin formate standardizate şi recunoaştere internaţională, a apărut după Al Doilea Război Mondial, cu scopul de a minimiza riscurile de invazie şi război. Globalizarea şi ascensiunea terorismului internaţional au condus la controale şi mai stricte asupra circulaţiei persoanelor peste frontiere, inclusiv la introducerea biometriei, a paşapoartelor electronice şi a tehnologiilor avansate de control al frontierelor.

Capitolul 7: Mitul frontierelor naționale

Î n prezent, mulți oameni trăiesc ca animalele la fermă, fără a manifesta dorința de a părăsi țara în care s-au născut. Potrivit Organizației Mondiale a Turismului a Organizației Națiunilor Unite, în 2022, doar 900 de milioane de persoane au călătorit între diferite națiuni, majoritatea către frontiere apropiate. O proporție semnificativă a acestor sosiri a avut loc în cadrul blocurilor regionale. Aceasta înseamnă că marea majoritate a populației mondiale - peste 7,5 miliarde de oameni - nu va cunoaște niciodată cu adevărat planeta pe care trăiește.

Aceasta reprezintă un număr semnificativ de indivizi care trăiesc ca niște animale prinse între granițe și totuși îndrăznesc să afirme că nu există viață pe alte planete, demonstrând un nivel profund de ignoranță. Ce risipă enormă de resurse cognitive reprezintă aceste persoane și ce viață irosită duc, deoarece rămân inconștienți de lecțiile valoroase pe care le-ar putea învăța pur și simplu interacționând cu oameni din alte culturi și observând cum trăiesc alții. Această viziune egocentrică asupra vieții este la originea unei mari părți din prostia, rasismul și discriminarea din lume.

Aceşti oameni sunt incapabili să înţeleagă ce înseamnă să interacţionezi cu fiinţe de pe alte planete şi galaxii, pentru că sunt la fel de departe de această înţelegere precum sunt de ceea ce înseamnă să fii om pe această planetă. Mai rău chiar, mulţi dintre aceşti oameni nici măcar nu citesc, crezând că cărţile sunt prea scumpe. Este prostia cu adevărat ieftină? O mare parte din mizeria lumii este preţul plătit pentru ignoranţă. Cele mai sărace naţiuni au, în general, populaţiile cele mai puţin educate.

Prostia se plăteşte atât la nivel individual, cât şi la nivel colectiv, motiv pentru care o populaţie proastă ajunge adesea să aibă conducători proşti, care preţuiesc educaţia la fel de puţin pe cât recunoaşte populaţia nevoia sa de îmbunătăţire. Sărăcia dezvăluie întotdeauna similitudini între diferite naţiuni sărace. În acest sens, putem spune că cunoaşterea este mult mai valoroasă decât ignoranţa. Cel mai simplu mod de a le dobândi este prin interacţiunea culturală.

Timp de mii de ani, oamenii au migrat între continente în căutarea unei vieţi mai bune. Recent, însă, mulţi şi-au pierdut interesul şi înţelegerea faţă de valoarea imensă a statutului de nomad, o perspectivă care a fost redescoperită de cei care caută să îşi îmbunătăţească viaţa prin munca la distanţă. În acest context, nimeni nu are dreptul să intre în contact direct cu extratereştrii sau să fie considerat un Starseed din cauza culorii pielii; ceea ce contează este natura caracterului unei persoane. Înţelepciunea extratereştrilor nu se corelează cu perspectivele limitate şi adesea rasiste ale unor oameni de pe Pământ.

De exemplu, pleiadienii sunt adesea comparaţi cu îngerii gnosticilor datorită asemănărilor lor cu îngerii descrişi în textele sacre. Ei sunt adesea menţionaţi în întâlnirile raportate în Orientul Mijlociu şi America de Nord, dar nu atât de mult în Suedia sau Germania. Am putea argumenta că oamenii din Orientul Mijlociu au comunicat cu îngeri cu pielea albă, dar asta ar susţine totuşi argumentul meu. În plus, potrivit lui Billy Meier, una dintre persoanele care l-au contactat, numită Alena, o femeie din Federaţia Pleiadiană din constelaţia Lyra, avea pielea „maro deschis". Meier a remarcat că ea seamănă cu oamenii din ţările din jurul Mediteranei şi avea o înălţime de 148 de centimetri (În Meiersaken.info). Alena ar putea fi uşor confundată cu o femeie obişnuită din Orientul Mijlociu sau America Latină.

O altă fiinţă întâlnită de Meier se numeşte Menara, de pe o planetă din sistemul Vega. El o descrie ca fiind o „femeie frumoasă", cu „pielea foarte închisă la culoare" şi „un maro foarte închis", precum şi ochi negri. El a adăugat că ea are „trăsături negroide, ca hotentoţii din Africa" (In Meiersaken.info).

Deşi controversat, cazul Billy Meier este inclus în această discuţie deoarece a fost investigat de locotenent-colonelul Wendelle Stevens şi alţi cercetători pe o perioadă de cinci ani. Ei au fost convinşi că dovezile unor astfel de contacte erau copleşitoare. Rapoartele lor confirmă, de asemenea, ceea ce eu personal ştiu despre acest subiect: nuanţele pielii pleiadienilor, precum şi ale multor alţi extratereştri, pot varia foarte mult, în funcţie de factori precum apropierea soarelui sau a solilor lor şi rasele cu care s-au intersectat.

Nu există nicio limită pentru varietatea tonurilor pielii şi cred că multe rase extraterestre, după cum indică diverse rapoarte, sunt mai interesate de diversitate decât de omogenitate. De asemenea, nu există nicio corelaţie între spiritualitate şi culoarea sau aspectul pielii. A sugera că unele rase sunt mai evoluate decât altele din cauza culorii pielii sau a caracteristicilor anatomice este absurd. De exemplu, umanoizii insectoizi sunt printre cele mai avansate specii extraterestre, deşi insectele sunt adesea considerate forme de viaţă inferioare şi neatractive pe Pământ.

Capitolul 8: Descoperirea adevărului din fic iune

Unele persoane de pe Pământ, animate de interese şi prejudecăţi personale, încearcă să deturneze subiectul vieţii extraterestre, exploatând ignoranţa multora pentru a manipula opinia publică. Această manipulare se face prin cărţi, filme şi religii, cum ar fi cea a raelienilor. Această mişcare este o compilaţie de minciuni, distorsiuni şi iluzii ale fondatorului său, dar atrage adepţi cu aberaţiile sale, satisfăcând perversiunile multora de pe această planetă.

Deşi Claude Maurice Marcel Vorilhon, cunoscut sub numele de Rael, atrage atenţia publicului asupra unei probleme importante, el îi face, fără să vrea, să pară proşti pe toţi ceilalţi care vorbesc sincer despre acelaşi subiect. Deşi Raelismul are prea puţin de-a face cu cultura extraterestră, este puternic influenţat de cultura franceză, cu accentul său pe orgii, petreceri, desfrâu public şi însuşirea filosofiilor create de alţii. Acest lucru, împreună cu mişcări precum Heaven's Gate - care a culminat cu sinuciderea colectivă a 39 de membri - şi Scientologia, marcată de poveşti de abuz psihologic şi fizic, contribuie la percepția că cei care cred în viața extraterestră nu sunt considerați raționali de către societate în general.

Un alt factor care contribuie este faptul că guvernele din întreaga lume refuză să facă public tot ceea ce știu despre viața extraterestră, de teama panicii în masă, a haosului și a reacțiilor din partea diferitelor grupuri religioase. Între timp, aceste guverne sunt foarte dornice să dezvolte arme capabile să doboare OZN-uri pentru a prelua tehnologia și genele corpurilor extraterestre recuperate.

Manipularea problemei extraterestre de către cei care au agende personale servește la deturnarea atenției de la explorarea reală a moștenirii noastre cosmice, a unității noastre ca popor și a potențialului de evoluție umană prin acest sentiment de unitate. Prin demascarea noțiunii de superioritate rasială și prin expunerea tacticilor manipulatoare utilizate pentru a controla opinia publică, este posibil să se promoveze o înțelegere mai cuprinzătoare a locului nostru în univers. Diversitatea experienței umane și bogăția constituției noastre genetice ar trebui sărbătorite, nu exploatate ca instrumente de dezbinare și opresiune.

Adevărul despre interferența extraterestră și interconectarea noastră cu alte ființe din cosmos ne poate conduce către un viitor în care compasiunea, empatia și înțelegerea ne ghidează interacțiunile, mai degrabă decât frica, dogma și ignoranța. Pentru a înțelege problema existenței extratereștrilor dintr-o perspectivă spirituală, este necesar să recunoaștem că moralitatea, diversitatea și integrarea sunt concepte interconectate. Ceea ce îi face pe Starseeds unici în comparație cu alți oameni de pe această planetă este capacitatea lor de a uni caracteristicile pământenilor cu o perspectivă mai evoluată asupra vieții.

Această perspectivă include mai multe principii fundamentale: acceptarea tuturor raselor de pe Pământ ca făcând parte din aceeași familie, indiferent de culoare sau origine; privirea planetei ca pe o entitate unică, fără frontiere, pașapoarte sau garduri; recunoașterea faptului că toate spiritele se află pe aceeași cale evolutivă, chiar dacă multe nu sunt încă pregătite să o îmbrățișeze. Această cale implică creativitate, compasiune și toleranță.

Pe măsură ce un spirit evoluează pentru a înțelege aceste principii, el tânjește în mod natural după mai multă libertate. Acesta este motivul pentru care libertatea de exprimare, libertatea de mișcare și libertatea de gândire sunt atât de importante. Din păcate, majoritatea oamenilor nu înțeleg semnificația acestor libertăți deoarece nu au evoluat suficient pentru a le aprecia importanța. Pentru mulți, conceptul de libertate este străin; ei caută doar să dobândească mai multe bunuri care să le ofere confort și plăcere.

Deoarece majoritatea oamenilor nu sunt suficient de evoluați, în general le lipsesc curiozitatea și compasiunea pentru adevăr. Adesea, se pot simți chiar jigniți de acesta. Nicio explicație nu poate ilumina suficient realitățile unei naturi superioare pentru cei ale căror spirite sunt blocate în stări vibratorii inferioare. Deși Pământul încă le găzduiește existența, pe măsură ce planeta evoluează, aceste suflete pot avea nevoie să fie segregate în alte tărâmuri, de unde și conceptul de iad.

Iadul poate fi înțeles ca o metaforă pentru lumile de densitate superioară, caracterizate prin mai multă violență, înșelăciune și suferinţă decât lumea terestră. În acest sens, am putea compara iadul cu o tranziţie către o realitate în care viaţa este semnificativ mai dificilă. Această noţiune nu este greu de înţeles atunci când ne uităm la condiţiile din locuri precum Filipine, unde mulţi oameni trăiesc în condiţii absolut mizere. Un alt fel de iad este experimentat de cei care pierd tot ce deţin şi se confruntă cu foametea şi lipsa unei locuinţe în aceste naţiuni. Cu toate acestea, în ciuda potenţialului de a se afla în cele mai mizerabile situaţii, majoritatea oamenilor rareori contemplă această realitate. Ei nu se pregătesc, nici spiritual, nici mental. Ei nu citesc, nu învaţă şi nu se maturizează.

Capitolul 9: Calea către Iluminare

Indivizii care evoluează cel mai puțin sunt de obicei cei care pun cele mai greșite întrebări, fac presupuneri false despre viață și încearcă să împiedice evoluția celorlalți. Mulți dintre acești indivizi, care se regăsesc de obicei în diverse grupuri religioase, m-au întrebat de ce nu „îmi pun rădăcinile undeva", presupunând că sunt mai evoluați decât mine pentru că trăiesc ca un copac, repetând aceleași obiceiuri timp de decenii până mor. Ei cred că sunt mai evoluați pentru că sunt atașați de o bucată de pământ, de rutinele zilnice și de locuri de muncă, ignorând complet faptul că un nomad poate învăța mai multe într-o săptămână decât într-o viață întreagă.

Mulți se întreabă cum de știu eu mai multe decât ei, iar răspunsul este evident: pentru că am timp să citesc, în timp ce ei nu; pentru că prețuiesc timpul, în timp ce ei nu; și pentru că sunt curios, în timp ce ei sunt aroganți. Aș putea continua cu explicațiile mele, dar niciuna dintre ele nu ar fi acceptată de cei care se consideră imuni la orice judecată. Majoritatea oamenilor pur și simplu nu au valorile necesare pentru evoluție, crezând în mod eronat că sunt superiori celorlalți fără niciun motiv întemeiat. Am întâlnit mulți dintre acești indivizi în francmasonerie și rosicrucianism; sunt unii dintre cei mai ridicoli oameni pe care i-am întâlnit vreodată. Atunci când discută despre civilizațiile extraterestre, este clar că nu au nicio înțelegere a subiectului. Ei sunt foarte departe de a înțelege subiecte care necesită o abordare metafizică a vieții.

Dacă o persoană nu înțelege de ce cineva de pe această planetă ar fi curios să viziteze alte națiuni, cu siguranță nu ar înțelege de ce cineva ar călători prin galaxii în același scop. Pentru a evolua spiritual, trebuie să ne străduim să fim nomazi, călători curioși, nu doar ca un mijloc de a ne deplasa fără țintă pe planetă sau de a înota pe diferite plaje, ci ca o stare fundamentală de a fi. Această mentalitate este aliniată cu nevoia de a căuta oportunități mai bune pentru exprimarea autentică a sinelui, de a învăța mai multe despre natura ta și, cel mai important, de a respinge mediile care nu te valorizează ca individ.

De ce să te zbați într-un loc când poți experimenta raiul în altul? Raiul nu este ceva ce ți se întâmplă, ci ceva ce tu creezi. Înțelegerea a ceea ce înseamnă să trăiești pe Pământ este esențială înainte de a explora alte planete, dar mulți oameni nu înțeleg niciodată acest concept, de obicei din cauza unei lipse de evoluție spirituală. Aceste persoane, care operează la o frecvență vibrațională mai joasă, îi pot sfătui pe alții să se stabilească și să pună rădăcini, crezând în mod eronat că perspectiva lor limitată echivalează cu înțelepciunea.

Deoarece mentalitatea oportunității este răspândită în special în rândul celor care caută bogăție și oportunități de afaceri, termenul „oportunitate" este adesea asociat cu preocupările financiare, reflectând obsesia societății pentru bani și autoconservare. Cu toate acestea, adevărata sferă de aplicare a acestui concept este mult mai largă. Oportunitatea cuprinde, de asemenea, descoperirea și aprecierea noilor culturi, studierea diferențelor noastre ca specie globală și înțelegerea valorilor inerente diversității și obiceiurilor noastre. Ea ne invită să explorăm frumusețea planetei noastre.

Cel puțin, ar trebui să recunoaștem valoarea de a încerca fructe diferite, de a fi martorii varietății de culori de pe cer și de a observa multitudinea de expresii ale vieții în culturi diferite. Ar trebui să ne străduim să fim uimiți pur și simplu de faptul că suntem în viață, ceea ce este posibil atunci când găsim locuri frumoase și cultivăm o dragoste autentică pentru existență, lipsită de așteptări. Uimirea și confortul nu coexistă: este imposibil să fii surprins de ceva ce știi deja. Pentru a simți admirația, surpriza, intriga și curiozitatea, trebuie să te aventurezi în necunoscut. Mulți oameni se tem de această explorare, deoarece au tendința de a evita situațiile care le scapă de sub control. Am observat adesea că oamenii au nevoie de un motiv pentru a lua decizii, crezând că pot controla întotdeauna rezultatul. Această atitudine este absurdă și inhibă creșterea spirituală.

O ființă cu adevărat spirituală nu încearcă să controleze rezultatele, ci acceptă surprizele și evoluează prin provocările cu care se confruntă. Cu toate acestea, este fascinant să observăm cât de mulți oameni dau dovadă de aroganță și ignoranță impunând altora valorile lor greșite, care sunt contrare naturii evoluției spirituale. Mulți fac parte din grupuri religioase și își folosesc autoritatea religioasă pentru a-i convinge pe alții, enervându-se atunci când eșuează, așa cum am văzut de multe ori. Comportamentul lor este ridicol și subminează înseși principiile pe care pretind că le apără.

Francmasoni, rosicrucieni, budişti, hinduşi - există nenumărate religii, inclusiv Scientologia -: toate aceste grupuri sunt formate din indivizi care înţeleg puţin din ceea ce pretind că studiază.

Capitolul 10: Consolidarea gândirii independente

Puteți învăța mai multe din orice religie citindu-i textele în mod independent, fără a căuta îndrumare externă. Evoluția ta spirituală depinde de capacitatea ta de a-ți formula propriile gânduri pe baza presupunerilor altor persoane și de a trage concluzii care sunt în concordanță cu obiectivele tale de viață. Nu trebuie să acceptați dogme sau absoluturi în niciun domeniu de cunoaștere; în schimb, folosiți ceea ce este util, aruncați ceea ce nu este și elaborați-vă propriile concluzii prin practică și aplicarea a ceea ce ați învățat.

Această abordare vă deschide porțile minții către evoluția spirituală, indiferent de cât de limitativă sau provocatoare poate părea viața dumneavoastră. De fapt, aveți mai multe șanse să vă transformați viața privind spre interior decât spre exterior. Înțelepciunea se găsește adesea în cultivarea sufletului prin meditație și contemplarea naturii - cerul, păsările, copacii și oceanul - precum și în cultivarea minții prin lectură extensivă. Deși o mai mare varietate de cunoștințe poate duce la confuzie, există un aspect eliberator pe care adepţii dogmei religioase adesea nu îl conştientizează: libertatea de a gândi independent şi de a practica gândirea critică.

Trebuie să acceptaţi confuzia pentru a învăţa să gândiţi clar. Gândiţi-vă că, înainte de a deveni a doua cea mai bogată naţiune din lume, China le cerea studenţilor să studieze în străinătate timp de cel puţin un an. Aceştia călătoreau în Africa, America de Sud, Europa, America de Nord şi în alte părţi. Aceste experienţe i-au îmbogăţit în nenumărate moduri. Aducând înapoi o bogăţie de experienţă şi cunoştinţe, China a absorbit tot ce avea fiecare ţară mai bun de oferit. Creşterea rapidă a prosperităţii Chinei nu este rezultatul faptului că este chineză, ci al asimilării celor mai bune practici din întreaga lume. Orice ţară sau individ care adoptă această abordare va face, fără îndoială, progrese rapide, depăşindu-i pe cei care încearcă cu aroganţă să „ghicească" calea spre succes.

Acest lucru ar trebui să fie evident, dar nu este. Ca urmare, mulţi oameni rămân blocaţi în moduri de gândire învechite, aşa cum se poate observa în cazul unor populaţii europene. Cei care recunosc şi profită de oportunităţile acestui moment istoric vor merge întotdeauna înainte. Uneori, tot ce trebuie să faci pentru a-ţi schimba viaţa este să pui întrebările potrivite cuiva care are răspunsurile. Cu toate acestea, cu excepţia studenţilor mei chinezi, am întâlnit rareori oameni care pun întrebări care le pot schimba viaţa. În schimb, oamenii mă întreabă adesea despre viaţa mea pentru că ei cred că au soluţiile la problemele lor şi apoi continuă să-mi spună cum să trăiesc, ca şi cum ar şti mai multe despre mine decât mine. Acest comportament este ridicol şi patetic.

Din experiența mea, europenii corespund în general acestui profil. Ei se văd suferind din punct de vedere economic, dar eu nu sunt de acord. Ei continuă să beneficieze de moștenirea colonialismului pentru că nu prea au ce să ofere lumii în afară de propriul lor fanatism. Fără resursele și cunoștințele pe care și le-au însușit de la națiunile pe care acum le consideră inferioare, Europa nu ar avea cunoștințe, cultură sau orice altceva. Multe dintre lucrurile considerate cultură europeană, de la artă la bucătărie, au fost preluate de la națiunile vecine, în special din Orientul Mijlociu și Africa de Nord. Ceea ce numim cultură franceză, greacă, italiană, spaniolă și portugheză este, de fapt, cultură mediteraneană, îmbogățită prin cunoașterea civilizațiilor arabe, pe care adesea le resping și le discriminează rasial.

Trezirea simțurilor noastre spirituale este împletită cu dezvoltarea minții și a culturii noastre, indiferent de contextul cultural în care am fost crescuți. Deși nu putem alege cultura în care ne naștem, putem și trebuie să ne cultivăm propria cultură. Nu trebuie să te fi născut în Japonia pentru a învăța să gătești mâncare japoneză, la fel cum nu trebuie să fii grec pentru a studia filosofia greacă. Mulți oameni nu realizează acest lucru atunci când învață o limbă nouă, crezând în mod eronat că scopul final este de a dobândi limba.

Când am locuit în China, am întâlnit mulți britanici care vorbeau fluent chineza, dar nu aveau prieteni chinezi, preferând să socializeze cu americani. Care este valoarea utilizării limbii ca instrument de validare profesională, mai degrabă decât de dezvoltare personală? Cu cât observi și asimilezi mai mult, cu atât înveți mai multe despre tine și despre ceilalți. Expunerea la alte culturi mi-a permis să îmi reevaluez propriile valori și să învăț treptat să mă iert pentru că m-am născut într-o națiune care pare adesea ignorantă și pe un continent care poate părea stagnant.

Nu putem fi mândri că suntem oameni pentru că pare superficial, dar putem fi mândri de ceea ce am învățat. Mulți uită acest lucru atunci când presupun că există o competiție pentru a vedea cine călătorește cel mai mult sau cheltuiește cei mai mulți bani. Singura persoană cu care ar trebui să concurezi ești tu însuți. Nu vă diminuați propria călătorie comparând-o cu cea a altor oameni. Aceste comparații nici nu ar trebui să vă treacă prin minte dacă vreți să vă înălțați spre tărâmuri mai înalte.

Capitolul 11: Acceptarea cetă eniei globale

P e măsură ce continuați să călătoriți și să absorbiți elemente ale diferitelor culturi, vine un moment în care realizați că nu mai sunteți cetățeanul unei singure țări, ci cetățeanul lumii. Nu mai doriți să rămâneți într-un singur loc; în schimb, tânjiți după libertatea de a explora lumea. Mulți oameni consideră această nouă stare greu de înțeles, deoarece nu și-o pot imagina sau înțelege. Cu toate acestea, atunci când începeți să vedeți viața din această perspectivă, problemele voastre personale sunt văzute într-o lumină diferită. Această detașare fizică promovează o stare naturală de metacogniție, care vă permite să vă regândiți existența și să renunțați la valorile care altădată păreau primordiale. De fapt, este imposibil să rămâi atașat de ceva dacă vrei să progresezi din ce în ce mai mult.

Pe de altă parte, lumea continuă să pună în aplicare mecanisme care te țin ancorat într-un singur loc, cum ar fi cerința unei adrese fizice sau a unui singur număr de telefon. Lumea este concepută pentru a inhiba mișcarea, ceea ce este o adevărată tragedie pe care mulți oameni nu o recunosc. Nu cu mult timp în urmă, în timpul pandemiei de coronavirus, oamenii au fost consemnați în casele lor, dar mulți au găsit confort în această situație și nu au văzut nimic rău în ea. Această atitudine reflectă un nivel îngrijorător de ignoranță. Este imposibil să discuți despre ascensiunea spirituală cu persoane care preferă să își petreacă zilele în pat, uitându-se la televizor, fără să facă nimic. Acești oameni nu recunosc valoarea evoluției spirituale și probabil că se vor întoarce pe Pământ pentru a se confrunta cu provocări similare, poate în moduri și mai drastice. Ei vor eșua din nou și vor plăti un preț mai mare pentru lecțiile pe care refuză să le învețe. Aceasta este legea karmei și a renașterii.

Una dintre cele mai fascinante înțelegeri pe care le-am dobândit vorbind cu oameni care au călătorit prin lume - unii alegând să nu se mai întoarcă niciodată în țările lor de origine, în timp ce alții au sfârșit prin a se întoarce - este că toți au descoperit unde trebuie să fie cu adevărat, mai degrabă decât să se forțeze să rămână într-un singur loc. Aceste decizii nu s-au bazat doar pe bogăție sau oportunități de angajare, ci și pe lecții de viață, experiențe culturale sau pur și simplu pe dragostea de a călători. Ei și-au dat seama că nu sunt destinați să trăiască ca plantele sau copacii, blocați în locurile în care s-au născut. În schimb, au realizat că se pot deplasa în căutarea unor condiții mai bune de oxigen, lumină solară și apă.

Spun acest lucru nu doar metaforic, ci și literal, deoarece puțini oameni își dau seama că pot trăi oriunde doresc, fie că vor mai multă lumină solară, apă curată pe plaje frumoase sau aerul proaspăt al pădurilor magnifice. Cei mai mulți sunt atât de înrădăcinați în sistemele lor de credințe, rădăcini și origini culturale, încât nu își pot imagina posibilitățile infinite pe care le oferă viața. Drumul către evoluția spirituală este pavat cu curiozitate, explorare și dorința de a înfrunta necunoscutul. Eliberându-ne de constrângerile naționalismului, rasismului și granițelor culturale, putem dezlănțui adevăratul potențial al minților noastre și putem contribui la evoluția colectivă a umanității.

Principiile acceptării, libertății și compasiunii nu sunt simple idealuri; ele sunt cheia unui viitor în care ne vedem ca cetățeni ai planetei, și nu ca prizonieri ai perspectivelor noastre limitate. Cu toate acestea, majoritatea oamenilor sunt prea speriați pentru a porni în propriile călătorii și a explora aceste posibilități. Dacă ați putea să vă trăiți visurile oriunde pe planetă? Ai renunța la această oportunitate doar pentru că ai nevoie de prietenii tăi aproape? Din păcate, mulți oameni sacrifică aventura vieții pentru confortul predictibilității și ajung să se comporte mai mult ca niște legume decât ca niște ființe inteligente. Nu este de mirare că mulți par neinformați; atunci când nu ne folosim creierul, devenim de fapt mai puțin inteligenți. Sinapsele care conectează neuronii din creier încep să se deterioreze, reducându-te la o fracțiune din potențialul tău, determinat de obiceiurile tale.

Cu cât stilul tău de viață este mai puțin provocator, cu atât mai mult îți poate scădea intelectul. Acest lucru nu înseamnă că ar trebui să vă aruncați în haos pentru a deveni mai inteligenți; în schimb, ar trebui să căutați un echilibru ideal al experiențelor pe care vi le poate oferi viața dacă doriți cu adevărat să aveți o experiență spirituală satisfăcătoare. De exemplu, mulți oameni pe care i-am cunoscut s-au mutat din țări mai bogate în țări mai sărace pentru că s-au îndrăgostit de soțul/soția lor și au preferat să se mute în țara lor decât să rămână acolo unde erau. De ce ar vrea cineva să se mute într-o țară mai puțin prosperă? Aceasta este partea fascinantă! Adesea, au făcut acest lucru pentru că au perceput o calitate mai bună a vieții, mai puțină criminalitate sau pur și simplu mai mult acces la natură. Sfidându-ne ideile preconcepute și ieșind din zonele noastre de confort, putem descoperi noi moduri de viață și de gândire care ne îmbogățesc viața.

Capitolul 12: Cre terea personală prin explorarea globală

Internetul a făcut posibil ca multe familii să se mute pe insule mici sau în sate din Asia, unde simt că decizia le-a adus cele mai fericite momente din viața lor. Adoptarea unei mentalități globale nu este foarte complicată și vă poate crește semnificativ potențialul de succes. După ce mi-am dat seama de disprețul față de europeni și de rasismul și comportamentul lor nepoliticos generalizat - concluzii trase în urma a peste un deceniu de călătorii ample pe continent - am decis să mă mut în Asia, unde scriu această carte.

Cultura asiatică mi-a permis să mă vindec și să fiu productiv, în timp ce cultura europeană m-a lăsat teribil de deprimat. Europenii, în general, dau dovadă de o lipsă de conștiință, iar conversațiile lor sunt adesea pline de presupuneri arogante și greșite. Să ai o conversație normală cu europenii poate fi dureros, deoarece aceștia nu au, în general, o viziune mai largă asupra vieții. Excepțiile sunt atât de rare încât te simți norocos să le găsești. Europa nu este propice oamenilor creativi. De fapt, dacă nu vă puteți dezvolta ca artist sau scriitor de succes în Europa, ar trebui să vă gândiți să vă mutați în Statele Unite, unde artiștii sunt mai respectați.

În New York, dacă mă identificam ca scriitor, eram tratat ca un star de cinema, în timp ce în Europa eram ridiculizat, interogat cu privire la sănătatea mea mintală și ținta unor presupuneri absurde cu privire la stilul meu de viață. Dacă doriți un stil de viață mai accesibil și să vă bucurați totuși de o casă pe plajă, luați în considerare posibilitatea de a vă muta în Puerto Rico, Belize, Thailanda sau oriunde altundeva cu facilități similare și vecini plăcuți. Dacă singurătatea este ceea ce tânjești, dezvoltă-ți propria afacere și izolează-te într-o cabană în pădure. Nu este nevoie să acceptați negativismul sau să luptați pentru acceptare printre cei care sunt mai puțin evoluați spiritual. Dacă vă confruntați cu rasismul în Spania, Lituania sau Polonia, de ce nu plecați? Dacă întâlniți sărăcie într-o țară africană, de ce să nu plecați? Dacă te confrunți cu discriminare în Germania sau Austria, de ce să te plângi dacă poți pur și simplu să te muți?

Cred că nu ai de ce să fii mândru de o națiune care are puține de oferit. Mai rău decât să te fi născut în Filipine este să fii mândru că ești filipinez. Dacă aveți un pic de conștiință filipineză, prioritatea voastră ar trebui să fie să părăsiți cât mai repede o națiune plină de huligani, psihopați, violatori, teroriști, trișori și mincinoși. A fi mai spiritual nu înseamnă doar a sta cu picioarele încrucișate pe podea sau a îngenunchea în rugăciune și a spera la mai bine. Înseamnă să devii mai conștient de potențialul tău spiritual și să acționezi în consecință.

Cunoașterea este esențială pentru aceasta, dar cunoașterea vine din acțiune, iar acțiunea vine din hotărârea de a te schimba. Această hotărâre nu se va manifesta fără recunoașterea nevoii de schimbare, motiv pentru care cei care nu văd ce este greșit în viața lor nu vor evolua niciodată. Suferința este, de obicei, o condiție prealabilă pentru evoluție, nu pentru că suferința este în mod inerent bună, ci pentru că evidențiază ceea ce este dezirabil. Numai proștii susțin că suferința este o parte integrantă a vieții care trebuie acceptată.

Oamenii tind să trăiască în funcție de valorile lor, motiv pentru care cei care mă considerau un idiot au continuat pe calea lor, în timp ce eu mi-am forjat propria cale. Familia mea credea că suferința face parte din viață și a trăit mizerabil de-a lungul existenței lor. Eu mi-am creat viața pe care o am acum, o viață pe care ei nu o înțeleg, și de aceea sunt adesea văzut ca un criminal. Cei care nu au capacitatea de a înțelege altceva decât propria lor realitate îi văd adesea pe cei care nu pot înțelege ca fiind inferiori, ca un mijloc de a-și proteja propriul ego. Cu timpul, însă, ego-ul devine fragil, ca un ou neprotejat care se sparge ușor pentru că nu a fost niciodată dezvoltat cu adevărat.

Egoul este doar adevăratul sine, întunecat de minciuni. Cea mai mare minciună pe care și-o spun oamenii este că ei sunt importanți, când de fapt nu sunt. Ei realizează acest lucru instinctiv atunci când nu mai muncesc și se simt deprimați, motiv pentru care apelează la diverse substanțe, cea mai evidentă fiind zahărul. Cu toate acestea, o altă minciună importantă pe care mulți oameni și-o spun este că, pentru a fi spiritual, trebuie să îi accepți pe ceilalți așa cum sunt. Refuz să trăiesc într-o țară în care nu sunt respectat, indiferent de ceea ce pot spune sau gândi alții sau de contextul istoric al țării.

Acelaşi principiu se aplică şi relaţiilor. Nu intru niciodată într-o relaţie cu intenţia de a rămâne în aceeaşi ţară în care mi-am cunoscut partenerul. Această idee mi se pare absurdă, chiar dacă este ceea ce se aşteaptă multe femei pe care le cunosc. Majoritatea oamenilor au o viziune limitată asupra vieţii, ceea ce contribuie la nefericirea lor. Nu le pot respecta credinţele sau valorile spirituale dacă raţionalizează viaţa într-un mod atât de limitat. Spiritualitatea este mai mult decât atât, iar ei greşesc dacă o văd astfel.

Capitolul 13:
În elegerea conexiunilor noastre cosmice

Spiritualitatea înseamnă extinderea conştiinţei prin acţiuni, experienţe, idei şi creativitate, nu acceptarea circumstanţelor negative care ne afectează negativ. Acesta este motivul pentru care Starseeds par adesea mai rebeli decât adepţii apatici ai filosofiilor bune. Oricine vă învaţă să acceptaţi ceea ce nu ar trebui acceptat niciodată promovează o doctrină falsă. Nu există nicio raţionalizare sau justificare pentru lipsă de respect, rasism, xenofobie sau rău în general. Ceea ce vezi este ceea ce eşti şi ai dreptul să cauţi experienţe mai îmbucurătoare care să-ţi promoveze evoluţia, mai ales atunci când experienţele tale îţi ameninţă supravieţuirea.

Multă vreme am crezut că era ceva în neregulă cu mine, pentru că nu eram iubit sau acceptat, ci tratat ca un idiot. Abia mai târziu mi-am dat seama că eram înconjurat de oameni cu abilităţi cognitive limitate şi nu te poţi aştepta la prea multe de la cineva care vede lumea printr-o lentilă atât de îngustă. Să te cerți cu ei sau să încerci să-i faci să înțeleagă o realitate care este dincolo de înțelegerea lor este inutil. Singura opțiune viabilă este să pleci și să nu spui nimic; nici măcar scrisorile pe care le lași în urmă nu vor fi acceptate ca fiind realiste. Nu am primit niciodată scuze de la nicio persoană pe care am întâlnit-o pentru că nivelul lor cognitiv a rămas atât de scăzut de-a lungul vieții încât nu au realizat niciodată eroarea comportamentului lor abuziv și lipsit de respect. Cea mai mare greșeală a mea a fost să aștept scuze, pentru că ar fi fost egoist să aștept respect din partea celorlalți.

A trebuit să accept faptul că mulți oameni îmi pot purta o ură eternă. Singurul răspuns adecvat este să nu fac nimic: să uit de ei și să trăiesc o viață care nu necesită aprobarea sau înțelegerea lor, permițându-le să rămână în ignoranța lor. Mulți oameni îmi calomniază reputația și inventează prostii despre mine, dar mie nu-mi pasă, pentru că ei nu fac parte din viața mea. Poate de aceea mă disprețuiesc atât de mult: nu am nevoie de ei. Puțini oameni își dau seama că familia noastră nu se limitează la cei care ne-au dăruit corpul printr-un act sexual spontan. În schimb, ea include oamenii pe care îi întâlnim în călătoria noastră spirituală: cei care ne respectă cu adevărat, ne susțin nevoile și ne acceptă adevărata natură, inclusiv limitele și aspirațiile noastre. Acești oameni nu ne înăbușă visele; dimpotrivă, le hrănesc cu cuvinte de încurajare.

Când întâlnim astfel de oameni, începem să înțelegem natura unei familii spirituale. Această înțelegere se adâncește atunci când ne dăm seama că, în ciuda aparențelor și culturilor noastre diferite, ne putem conecta spiritual. Analiza existenței noastre prin prisma diversității planetei este la fel de relevantă pentru noi ca și pentru culturile cu care interacționăm. Această explorare ne aduce mai aproape de adevărul despre diversitatea noastră și originile noastre spirituale.

Conform științei moderne, omenirea nu a evoluat într-un mod liniar. În schimb, ea a trecut printr-un proces de încrucișare și hibridizare între numeroase specii, dintre care majoritatea par să fi apărut „spontan" pe Pământ sau să provină din alte galaxii. Potrivit lui Benjamin Plackett în Live Science News, comunitatea științifică acceptă acum în unanimitate că cel puțin douăzeci și una de specii umane diferite, fiecare cu un fond genetic distinct, au locuit pe Pământ. Printre acestea se numără Homo sapiens, neandertalienii, poporul indonezian cu aspect de hobbit, Homo erectus, Homo naledi, Homo luzonensis, Homo floresiensis (adesea numit „hobbit") și oamenii din peștera Red Deer din China. Multe fosile ale acestor specii au fost descoperite în ultimii ani și, la ritmul actual al descoperirilor, este probabil că vor fi găsite multe altele.

Determinarea numărului exact de specii umane diferite este complicată, deoarece cercetătorii continuă să descopere noi fosile, reprezentând adesea specii necunoscute anterior. John Stewart, paleoecolog evoluționist la Universitatea Bournemouth din Marea Britanie, a declarat: „Numărul este în creștere și depinde pe cine întrebi. Totul depinde de definiția speciei și de gradul de acceptare a variației în cadrul unei specii. Acest lucru poate duce la discuții iritante și pedante, deoarece toată lumea dorește un răspuns definitiv."

Diversitatea speciei umane a fost cândva atât de comună încât acum este neobişnuit să existe o singură specie. „Nu cu mult timp în urmă nu eram atât de speciali, dar acum suntem singurii rămaşi", spune Nick Longrich, biolog evoluţionist la Universitatea Bath din Regatul Unit. Am găsit nu numai dovezi ale unor specii foarte diferite, cu origini diferite, ci şi schelete şi material genetic care nu seamănă cu nimic din ceea ce se găseşte în prezent pe Pământ.

Capitolul 14: Amprenta genetică a umanită ii

În încercarea lor de a ne determina originile, cercetătorii implicați în Proiectul Genomului Uman au făcut o descoperire științifică remarcabilă. Potrivit profesorului Sam Chang din cadrul Proiectului Genomului Uman, aceștia „cred că așa-numitele 97% din secvențele necodificatoare din ADN-ul uman nu sunt altceva decât codul genetic al formelor de viață extraterestre", după cum se arată pe Exonews.org. Numite inițial „ADN nedorit", funcția acestor secvențe necodificatoare era necunoscută. Cu toate acestea, mulți cred acum că ADN-ul nostru ar putea fi de origine extraterestră. Această ipoteză a fost discutată într-o lucrare de cercetare publicată în 2012 de Maxim A. Makukov, de la Departamentul de matematică al Universității Naționale Al-Farabi din Kazahstan, și Vladimir I. Cherbak, de la Institutul de Astrofizică. Cherbak, de la Institutul de Astrofizică din Kazahstan. Descoperirile lor susțin ideea că ființele umane au fost concepute genetic cu anumite gene programate să fie activate, multe dintre acestea fiind legate nu numai de abilitățile noastre intelectuale şi spirituale, ci şi de speranţa noastră de viaţă. Activarea acestor gene ne-ar putea ridica la un nivel similar cu cel al zeilor, creatorii noştri, şi ar conferi credibilitate naraţiunilor care implică personaje precum Enki sau Lucifer.

Cu toate acestea, trebuie remarcat faptul că este posibil ca contribuţiile lui Lucifer să nu fi fost atât de benefice pe cât par. Dacă tot ce a făcut a fost să deblocheze genele asociate cu un intelect şi o reproducere superioare, lăsându-ne vulnerabili la boli şi cu o durată de viaţă limitată, care nu depăşeşte în medie o sută de ani, impactul său este discutabil. Este posibil ca Enki să ne fi dat inteligenţa de a ne revolta împotriva zeilor, dar nu şi capacitatea spirituală de a ne asemăna cu ei. Acesta este motivul pentru care vechile tradiţii religioase continuă să ne prindă într-o reţea de înşelăciune, sugestie hipnotică şi predispoziţie spre violenţă în numele unui concept de Dumnezeu. Până când omenirea îşi va creşte conştiinţa, religia va rămâne relevantă, permiţând religiilor abrahamice să îşi menţină influenţa asupra maselor uşor de influenţat.

Atunci când luăm în considerare posibilitatea ca o civilizaţie extraterestră avansată să îşi fi propus să creeze şi să planteze noi forme de viaţă pe mai multe planete, este de la sine înţeles că Pământul este doar unul dintre multele astfel de locuri. Întrebarea urgentă pe care ar trebui să ne-o punem este: de ce codul nostru genetic are încă atât de multe limite şi de ce continuăm să funcţionăm cu structuri genetice străvechi? Potrivit lui Vladimir Sherbak, citat în cartea Hybrid Humans de Daniella Fenton şi Bruce R. Fenton, ADN-ul nostru poate fi înţeles ca „un program format din două versiuni: un cod structurat vast şi un cod simplu sau de bază". Într-un articol pentru Express.co.uk, Makulov afirmă că „mai devreme sau mai târziu, va trebui să acceptăm faptul că toată viața de pe Pământ poartă codul genetic al verilor noștri extratereștri și că evoluția nu este ceea ce credem noi că este".

Trebuie să rămânem deschiși la posibilitatea unei interferențe genetice continue la diferite niveluri, unele rase extraterestre ridicându-ne, iar altele trăgându-ne în jos. Se pare că fiecare rasă extraterestră are propria sa agendă. Din aceste motive, este din ce în ce mai dificil să vorbim de o singură rasă umană, deoarece este posibil ca mulți indivizi să nu fie pe deplin umani în esență. Unii au depășit deja această limită, în ciuda aspectului lor exterior. În timp ce unii indivizi evoluează către o stare mai apropiată de divin, alții regresează către anumite specii extraterestre de frecvență vibrațională mai joasă, adesea lipsite de trăsături umane fundamentale, precum empatia.

Problema empatiei devine deosebit de relevantă atunci când analizăm ritualurile pe care mulți lideri mondiali sunt obligați să le îndeplinească. Aceste ritualuri, care pot fi canibalice și crude, pregătesc oamenii pentru supunerea față de o entitate sau un grup non-uman. În acest context, creștinismul poate fi văzut ca o versiune mai blândă a cultului lui Moloch, celebrat de mulți oameni. Cu toate acestea, acest lucru nu înseamnă că toți extratereștrii cu agendă religioasă intenționează să înrobească și să manipuleze omenirea. Intențiile lor variază în funcție de propria lor viziune asupra vieții.

Unii autori, precum Zecharia Sitchin, susțin, pe baza traducerilor tăblițelor sumeriene, că extratereștrii au creat genetic ființe umane pentru a le servi drept sclavi. Cu toate acestea, diferite rase extraterestre par să fi avut scopuri diferite, după cum sugerează diverse înregistrări antice. Acest lucru ar putea explica separarea a cel puțin două specii umane în trecut: una care a fost expulzată dintr-un paradis extraterestru pentru că a refuzat să fie sclavă și alta care a rămas ignorantă și mulțumitoare. Această paralelă este evidentă în societatea noastră contemporană, unde multe persoane aleg să fie subjugate de guvernele lor și de un sistem de valori opresiv, rămânând într-o stare de spirit limitată și inconștientă. În schimb, alții caută educația și eliberarea din ignoranță.

Capitolul 15: Depă irea controlului i acceptarea autonomiei

Cei care rămân inconştienţi de propria lor vulnerabilitate spirituală acţionează împotriva legilor creaţiei şi evoluţiei. Prin urmare, nu este surprinzător faptul că religiile tradiţionale trebuie să se adapteze nevoilor lor, în timp ce puţinii care s-au trezit nu se pot supune unui astfel de sistem limitativ de coduri morale. Când cineva se trezeşte la adevăr, începe să vadă toate religiile ca metode de control al minţii şi de înrobire în masă. Unui individ cu adevărat trezit îi va fi dificil să fie acceptat în orice grup religios, deoarece nu este uşor de controlat. Acest lucru dezvăluie una dintre numeroasele învăţături ascunse ale Bibliei: cei care nu pot fi controlaţi sunt, de obicei, expulzaţi din grupurile care urmăresc să îi controleze.

Ameninţarea recentă a unui virus a ridicat această psihoză în masă la niveluri fără precedent, deoarece ameninţarea este acum invizibilă şi oricine poate deveni ţinta fricii iraţionale. Oamenii au devenit suspicioşi faţă de prietenii şi rudele lor şi se tem de contactul uman din cauza posibilei contaminări cu boli create în laboratoarele din întreaga lume. Liderii mondiali au reuşit să asocieze interacţiunea umană cu moartea, insuflând o teamă care împiedică chiar şi conversaţiile ocazionale în timpul unei pandemii. Măştile necesare în timpul pandemiei de coronavirus din 2019 au devenit simboluri ale opresiunii, conformităţii şi îndoctrinării, condiţionând oamenii să accepte măsuri şi mai opresive în viitor.

Putem întrevedea acest viitor în China comunistă, unde oamenii pot fi arestaţi în propriile case pentru ceva ce au scris online şi dispar fără urmă. Acest lucru reprezintă un virus mult mai rău: reprimarea politică a gânditorilor independenţi. Calea către trezirea spirituală este să recunoaştem limitările impuse de guvernele noastre şi să îmbrăţişăm diversitatea moştenirii noastre genetice. Numai în acest fel ne putem dezlănţui adevăratul potenţial şi putem contribui la evoluţia colectivă a umanităţii.

Fiinţele umane au fost create pentru scopuri diferite şi s-au diferenţiat prin alegerile lor. Aceste alegeri provin adesea din dorinţa de a rămâne în întuneric, care poate fi interpretată ca o formă de sclavie, sau de a se trezi spiritual şi de a se alătura rândurilor celor iluminaţi. Ca urmare, percepţia asupra creaţiei variază foarte mult de la o persoană la alta. Cei care trăiesc în întuneric tind să îi confunde pe Dumnezeu, Satana şi profeţii săi, considerându-i entităţi interschimbabile. Ei nu reuşesc să facă distincţia între îngeri, arhangheli, Isus şi Duhul Sfânt, ceea ce duce la o supra-simplificare profundă a problemelor complexe.

Această supra-simplificare este un comportament comun al celor care nu înțeleg. Întunericul este egal cu ignoranța, iar cei care sunt profund ignoranți au dificultăți în a înțelege mare parte din lumea din jurul lor. Această vulnerabilitate îi face susceptibili la control, deoarece își raționalizează ignoranța pentru a le împiedica evoluția. Lipsa lor de conștiință îi împiedică să își recunoască propriile limite. Multe dintre întrebările puse de indivizii ignoranți pot părea simple la prima vedere, dar au nenumărate straturi subiacente, iar ei abia pot înțelege cele mai elementare cerințe pentru o înțelegere mai profundă.

Explicarea oricărui lucru în lumea interconectată de astăzi este o provocare, deoarece puțini oameni înțeleg cu adevărat rețeaua complexă de relații care ne definesc realitatea. Este ca și cum ai încerca să explici realitatea unui personaj prins într-un joc video. Lumea noastră este plină de straturi de coduri și interpretări greșite, toate legate intrinsec, pe care le interpretăm ca realitate și, ulterior, ca religie. Așa cum este consemnat în Osea 4 din Biblie, Isus a observat că ignoranța duce la moarte. Biblia se referă la aceasta ca la „lipsa de cunoaștere", un termen care transmite un înțeles similar. Acest atașament față de un sistem viciat îi poate face pe oameni să devină orbi la adevărurile evidente din jurul lor.

Mulți oameni sunt atât de înrădăcinați în interpretările lor despre lume încât le este imposibil să scape din închisorile lor mentale, indiferent cât de mult încearcă. Un exemplu notabil în acest sens este reacția împotriva profesorilor și medicilor clinicieni care prezintă dovezi științifice care contrazic convingerile larg acceptate. Astăzi, mulți oameni caută doar știința care este de acord cu iluziile lor, acceptând cu nerăbdare vaccinuri despre care medicii au avertizat că pot fi ineficiente şi periculoase.

În mijlocul acestui haos global, un segment al populaţiei se trezeşte, ca şi cum o parte a lumii se mişcă într-o direcţie, în timp ce alta se mişcă în direcţia opusă. Majoritatea au distorsionat soarta religiilor lor prin minciuni şi interpretări greşite, iar numărul de legi pe care un grup le poate avea este irelevant dacă acestea nu sunt respectate. Luaţi Scientologia, de exemplu. A fost fondată de un om care a fost ulterior ucis. Adepţii săi i-au modificat şi reorganizat învăţăturile, creându-şi propria versiune. Când oamenii susţin că înţeleg Scientologia pentru că au urmărit documentare, se referă de obicei la interpretările celor care nu au cunoştinţe, care au fost corupte de alţii. Acest tipar poate fi observat şi în istoria creştinismului.

Capitolul 16: Descoperirea unor puncte comune între religii

Pentru mulți, afilierea mea la diverse grupuri religioase, adesea simultan, este irelevantă. Ceea ce contează cu adevărat pentru ei este identificarea cuvântului „greșit" în discuțiile noastre despre religie, ca și cum am fi într-un joc de „ghici ce cuvânt nu poți spune". Confruntarea cu acești oameni m-a costat sute de prietenii, pentru că așa se comportă majoritatea oamenilor. De multe ori nu sunt sigur ce subiecte să evit, deoarece pot provoca reacții iraționale, în special în grupurile religioase care pretind că sunt deschise la minte.

Să luăm, de exemplu, francmasonii. Ei se prezintă ca fiind incluzivi cu toate religiile, dar această incluziune se extinde doar la cele pe care le consideră „stupide" - cele care pot fi ușor combătute. Excesul de cunoștințe este problematic pentru ei și pentru mulți alți oameni religioși. Ipocrizia este răspândită: ei profesează o credință, dar acționează contrar acesteia, în funcție de ceea ce este mai convenabil. Acest lucru este evident atunci când Martorii lui Iehova se angajează cu persoane care pun întrebări naive, dar îi evită pe cei care le-ar putea contesta credințele cu propriile scripturi și chiar le-ar putea respinge afirmațiile privind finanțarea donațiilor cu dovezi concrete.

Atunci când se examinează originile oricărei religii, se dezvăluie adevăruri esențiale, iar aceste adevăruri sunt interconectate în diferite religii. De exemplu, hinduismul are asemănări cu creștinismul. Cu toate acestea, dacă cineva înțelege doar interpretarea creștină a adevărului - o interpretare care adesea diferă de ceea ce Hristos a învățat de fapt, influențată de perspectivele ucigașilor săi, și anume romanii și evreii - poate crede în mod eronat că există diferențe semnificative între religii.

În limba aramaică, Iisus s-a referit la Dumnezeu ca la „Creatorul Universului", o perspectivă diferită de cea prezentată în Biblie și în alte religii abrahamice. Această distincție evidențiază un conflict cu numele evreiesc pentru Dumnezeu, Iehova, care este o pronunție construită din numele ebraic YHWH, care include vocalele cuvântului „Adonai". De remarcat, „Adonai" este pluralul zeilor, la fel ca „Elohim", un alt termen ebraic folosit în Biblie pentru a-l descrie pe Dumnezeu, ceea ce sugerează că religiile abrahamice nu sunt cu adevărat monoteiste, ci mai degrabă politeiste.

Acest politeism ascuns este mascat de o narațiune care prezintă o ființă singulară ca reprezentant al unui colectiv de ființe extraterestre. Astfel, Dumnezeul biblic nu este sinonim cu Creatorul, ci reprezintă o rasă extraterestră care a înrobit omenirea și intenționează să ne păstreze ca supuși ascultători voinței sale. Corupţia naturii noastre spirituale a dus la o multitudine de perspective religioase care promovează adesea ignoranţa şi ipocrizia.

Adevărul despre originile noastre spirituale şi interconectarea tuturor religiilor rămâne întunecat de limitele înţelegerii umane şi de manipularea dogmei religioase. Pentru a progresa ca specie, trebuie să acceptăm complexitatea existenţei noastre şi să căutăm adevăruri care transcend perspectivele noastre limitate. Recunoscând firele comune care trec prin toate religiile şi tradiţiile spirituale, putem începe să vedem imaginea de ansamblu şi să lucrăm pentru o umanitate mai luminată şi mai unită.

Întrebarea dacă Creatorul este bărbat sau femeie rămâne fără răspuns. Mulţi îl descriu ca fiind bărbat, în mare parte pe baza înţelegerii că creaţia începe cu fertilizarea ovulului de către spermă. În acest context, Dumnezeu este văzut ca bărbat deoarece fertilizează Pământul cu viaţă prin ploaie şi energie luminoasă. Lucifer, adesea asociat cu Dumnezeu pentru că a dat inteligenţă fiinţelor umane, este adesea asimilat cu Enki, care este, de asemenea, reprezentat ca un bărbat. Fratele său, Enlil, liderul rasei extraterestre care a înrobit omenirea în Eden, este de asemenea bărbat şi este venerat de adepţii religiilor abrahamice.

Acest lucru nu înseamnă, totuşi, că energia feminină nu are discernământ spiritual. Conform Bibliotecii Nag Hammadi, Maria Magdalena a fost recunoscută drept singura persoană capabilă să interpreteze şi să reproducă cu acurateţe învăţăturile lui Iisus. În această naraţiune, ea personifică zeiţa feminină care îl însoţeşte sau este omologul său. Acest simbolism este reflectat în lucrările lui Da Vinci, care a portretizat-o în această lumină. Pentru a înțelege această analogie, este necesar să luăm în considerare Creatorul ca sursă a vieții, iar universul ca pântece sau recipient al acestei vieți.

Tradițiile antice considerau, în general, că Zeița-Mamă este universul însuși, cuprinzând numeroasele galaxii și reprezentând reflectarea Zeului-Creator dincolo de această holograma. În acest cadru, diferitele planete simbolizează ouăle Zeiței Supreme, iar ființele umane de pe Pământ și din alte realități reprezintă manifestări mai mici, asemănătoare micilor microbi sau scântei ale Creatorului. În cadrul acestui spectru de ființe diferite de pe planete diferite și între conștiință și manifestările vieții, găsim totalitatea Unului, Dumnezeul Creator, care se manifestă în toate formele de viață.

Capitolul 17: Explorarea misterelor existen ei

În cele mai dense şi mai dificile forme de existenţă, observăm manifestarea polarităţii negative a lui Dumnezeu, în timp ce formele cele mai înalte reflectă polaritatea pozitivă. Împreună, aceste manifestări îi permit Creatorului, care nu trebuie confundat cu Dumnezeul monoteismului, să se exprime în timp şi în dimensiunile multiple ale existenţei. Pentru Creatorul Universului, nu există conceptul de timp sau spaţiu; în schimb, există un singur moment de conştiinţă extinsă. Aceasta este o realitate pe care fiinţele umane, limitate de formele lor fizice, au dificultăţi în a o înţelege, motiv pentru care mulţi gnostici vedeau corpul uman ca pe un mormânt. Pentru ei, eliberarea putea fi obţinută doar prin moarte, atunci când unirea cu Creatorul transcende limitările corpului fizic.

Din această înţelegere provine ideea că Creatorul este unul şi omniprezent. El este creaţia însăşi, existând în interiorul şi în exteriorul nostru, precum şi în toate creaturile, inclusiv în cele considerate urâte, ignorante sau violente. El ne cunoaşte gândurile, emoţiile şi motivele, este judecătorul suprem şi, de asemenea, întruchipează mila, mai ales atunci când ne pocăim şi ne întoarcem la El. Multe dintre ideile promovate de religie conţin aceste şi alte elemente de adevăr, dar sunt adesea distorsionate pentru a răspândi învăţături false.

Chiar şi fără religie, omenirea rămâne conectată la Creator. Se pare că Creatorul doreşte ca creaţiile Sale să evolueze şi să se îmbunătăţească, atât prin propriile lor eforturi, cât şi în relaţie cu ceilalţi. Acest lucru sugerează că Creatorul este în favoarea vieţii, deşi acceptă moartea ca parte a ordinii naturale. Din această perspectivă, este posibil ca fiinţele umane pământeşti să nu fie considerate semnificative, deoarece adesea nu se respectă pe ele însele, pe ceilalţi sau planeta. Exploatând, abuzând şi nerespectând toate formele de viaţă şi aşteptând pasiv salvarea în loc să se străduiască să se perfecţioneze, aceste fiinţe umane devin paraziţi ai creaţiei lui Dumnezeu. Ele pot fi îndepărtate cu uşurinţă pentru a face loc unor fiinţe care sunt mai bine pregătite şi mai capabile să aibă grijă de planetă.

Noi toţi suntem creatori, la fel ca extratereştrii, şi aici situaţia devine confuză: am uitat rolul nostru de co-creatori şi nu înţelegem acest adevăr. Singura noastră speranţă ca şi co-creatori este să aplicăm legile iubirii şi compasiunii. Trebuie să îmbrăţişăm motto-ul că toţi suntem una şi să ne străduim să trăim o viaţă dedicată bunătăţii şi creşterii spirituale prin înţelepciune şi studiul riguros al legilor vieţii. Cu toate acestea, una dintre cele mai surprinzătoare descoperiri pe care le-am făcut după ce am studiat subiectul dificultăţilor de învăţare şi am fost profesor timp de mulţi ani este că aproape nimeni nu înțelege cu adevărat subiectele pe care pretind că le profesează în religia lor.

Acest lucru este la fel de adevărat în educație ca și în religie. Mi-am antrenat elevii să identifice lacunele în cunoștințele profesorilor lor și să pună întrebări care să-i facă să gândească. Expresiile de pe fețele elevilor mei atunci când realizează, prin tehnicile mele, că profesorii lor adesea nu înțeleg subiectul sunt cu adevărat revelatoare. Nu este de mirare că lumea este în dezordine; aceasta este realitatea în licee, universități și congregații religioase. De fapt, în perioada în care am fost lector universitar, mi s-a părut relativ ușor să contest afirmațiile altor educatori, ceea ce a dus adesea la conflicte. Această atitudine a provocat, de asemenea, fricțiuni cu profesorii atunci când am fost student.

Problema de fond este că oamenii tind să repete ceea ce cred că este adevărat fără să înțeleagă pe deplin, chiar și în mediile academice. Majoritatea oamenilor funcționează ca un automat, astfel încât puțini pot recunoaște același comportament la alții. Cu toate acestea, există anumite fraze care ne pot ghida către adevăr, aplicabile atât educației, cât și religiei. De exemplu, multe scripturi indică faptul că doar Maria Magdalena l-a înțeles cu adevărat pe Iisus, ceea ce sugerează că cuvintele ei sunt cele mai fiabile pentru a înțelege adevărata sa natură. Iisus este citat spunând: „Binecuvântată Marie, pe care o voi desăvârși în toate misterele" (Pistis Sophia) și „I-am dat autoritate peste toate lucrurile și copiii luminii" (Sophia lui Iisus Hristos).

Aceste evanghelii au fost excluse din Biblie deoarece, dacă ar fi fost incluse, i-ar fi dat Mariei Magdalena autoritatea absolută asupra doctrinei creştine. Un astfel de scenariu ar pune în pericol deciziile arbitrare ale Conciliului de la Niceea, care persistă până în zilele noastre. Creştinismul, în diferitele sale ramuri, este în mare parte o invenţie plină de distorsiuni. Pentru a descoperi adevăratele învăţături ale lui Hristos, trebuie să citiţi evangheliile pierdute. Aceste texte au fost considerate pierdute deoarece oricine era găsit în posesia lor putea fi acuzat de blasfemie şi executat.

Ceea ce a fost descoperit este doar ceea ce a fost ascuns. Unul dintre cele mai controversate şi revelatoare aspecte ale acestor evanghelii este afirmaţia că Iisus „o iubea pe Maria mai mult decât pe ceilalţi ucenici şi o săruta adesea pe gură" (Evanghelia lui Filip). Această revelaţie reprezintă o provocare pentru creştinii moderni, dintre care mulţi par să nu se simtă confortabil cu ideea unei relaţii romantice între Iisus şi Maria Magdalena. Deşi nu există dovezi substanţiale că Iisus a sărutat o altă persoană, unii cercetători au speculat că ar fi fost homosexual sau bisexual.

Capitolul 18: Primii creştini

Este posibil ca mulţi creştini să nu ştie că Iisus a avut fraţi şi, potrivit unor texte gnostice antice, a avut chiar un frate geamăn. Această idee ridică întrebări cu privire la poveştile prezentate astăzi de diverse grupuri creştine. L-a înlocuit fratele său geamăn pe cruce în timp ce Iisus era pe fugă? A scăpat din închisoare pentru că a predicat o filosofie a iubirii şi compasiunii sau pentru că s-a implicat în relaţii nepotrivite? Marcu 14:51-52 spune: „Un tânăr îmbrăcat numai în in îl urma pe Isus. Când l-au arestat, el a fugit gol, lăsându-şi hainele în urmă".

Pederastia era o practică comună în Grecia Antică, care probabil a influenţat poveştile din Noul Testament. Se crede că multe figuri celebre din Grecia Antică, precum Socrate, au practicat pederastia. Nu ar fi surprinzător dacă cultura greacă a influenţat poveştile pe care le-au creat, făcându-ne să ne întrebăm dacă această figură mitică - care se presupune că a mers pe apă, a vindecat orbi şi a înviat morţi - a existat cu adevărat. Potrivit Noului Testament, este posibil ca el să se fi dedat şi la pederastie, lucru pe care traducătorii l-au reinterpretat în mod deliberat.

Cu toate acestea, se pare că mulţi oameni din zilele noastre sunt mai obsedaţi de concepţiile lor greşite decât de adevăr. În unele cazuri, ei se simt jigniţi atunci când sunt confruntaţi cu realitatea că Iisus nu era alb, ci probabil arăta ca oamenii pe care tind să îi evite pe străzile din Europa şi SUA. Mulţi creştini sunt convinşi că un bărbat blond, cu ochi albaştri şi păr scurt, care arăta ca un italian sau un englez, s-a plimbat prin Israel, a făcut minuni şi a trecut neobservat, cu excepţia a doisprezece adepţi.

Un alt aspect fascinant al lui Isus care este adesea trecut cu vederea este faptul că îi plăceau adunările sociale. El nu a transformat apa în ceai sau suc de portocale, ci în vin, ceea ce sugerează că nu avea scrupule să distreze oamenii. Ar putea fi posibil ca grecii să fi încercat să satisfacă dorinţele maselor prin aceste poveşti? Pâinea şi vinul continuă să fie elemente valoroase în cultura europeană modernă, deşi reinterpretările Bibliei ar putea necesita includerea brânzei de capră pentru a rezona mai bine cu creştinii europeni, care preferă reprezentări ale propriei lor identităţi.

Gnosticii antici credeau că Maria Magdalena, ca şi alţii, a fugit în sudul Franţei după crucificare. Se crede că ea ar fi format un grup numit Catarii. Catarii erau consideraţi adevăraţii moştenitori ai învăţăturilor lui Hristos şi, prin urmare, au fost persecutaţi şi în cele din urmă eradicaţi de Vatican. La 13 mai 1239, Inchiziţia a condamnat 183 de bărbaţi şi femei catari la moarte pe rug, iar textele lor religioase au fost distruse. Catarii au încercat de mai multe ori să se reorganizeze şi să recruteze mai mulţi adepţi, însă renaşterea lor s-a încheiat cu execuţia ultimului lor lider, Peire Autier, în aprilie 1310. Ultimul catar cunoscut, Guillaume Bélibaste, a fost executat în toamna anului 1321.

După aceste evenimente, catarii au dispărut din ochii publicului şi au intrat în clandestinitate. Mulţi cred că învăţăturile catarilor au influenţat rosicrucianismul. Rosicrucianismul modern reprezintă o renaştere a credinţei catarilor, combinată cu elemente ale şcolilor de mistere egiptene şi ale studiilor pitagoreice. Poate fi văzut ca o încercare stângace de a reinterpreta şi reînvia scrierile pierdute. Francmasoneria a fost fondată mai târziu de către rosicrucieni, împreună cu multe aşa-numite ramificaţii Illuminati. Aceste grupuri au apărut din încercări similare de a înţelege trecutul. Li s-a dat titlul de „iluminaţi" datorită naturii studiilor lor, care implicau înţelegerea învăţăturilor străvechi suprimate de forţele întunericului, simbolizate de ignoranţă şi instituţionalizarea acesteia sub forma catolicismului roman.

Pentru aceste persoane, papa era văzut ca un reprezentant evident al anticristului, acţionând împotriva adevărului şi a iluminării. Aceste mişcări au fost inspirate de Renaştere, o mişcare culturală condusă de figuri influente precum Leonardo da Vinci, Michelangelo Buonarroti, Raphael Sanzio, Thomas More, Nicolaus Copernicus, Galileo Galilei, William Shakespeare, Paracelsus şi Giordano Bruno, printre mulţi alţii. Cu toate acestea, Renaşterea s-a confruntat cu represiunea Vaticanului, care a dus la uciderea multor personalităţi notabile pentru că se pronunţaseră împotriva dogmelor religiei instituţionalizate şi a intoleranţei religioase. Astfel, ca răspuns la această persecuţie, au apărut grupuri oculte, precum francmasonii şi rozicrucienii. Tot în această perioadă, Reforma protestantă a început să prindă rădăcini.

Astăzi, o mare parte din această istorie a fost pierdută, iar multe grupuri s-au întors la învățăturile catolice originale, perpetuând povestea promovată de Vatican. Între timp, școala rozicruciană AMORC și francmasonii mențin ritualuri care par să reînvie practici din Egiptul antic. Unul dintre aceste obiceiuri este purtarea șorțurilor. Multe hieroglife egiptene îi înfățișează pe „zeii" lor extratereștri purtând șorțuri, iar preoții din Egiptul antic purtau șorțuri similare ca semn de loialitate față de „zei" și ca insignă a autorității lor.

Capitolul 19: Cre tinismul i realitatea

Creștinismul pare din ce în ce mai despărțit de realitate. Mulți așa-numiți „creștini renăscuți" discută despre textele gnostice ca și cum acestea ar fi opera diavolului și s-ar opune creștinismului. De fapt, textele gnostice dezvăluie înșelăciunea în masă în care a devenit creștinismul, indiferent de versiunea istoriei pe care cineva alege să o urmeze. Este surprinzător modul în care acești creștini care pretind că urmează adevăratele învățături în opoziție cu doctrina catolică își neagă originile, știu puține despre catari, o resping pe Maria Magdalena ca fiind ucenica preferată a lui Hristos și folosesc cuvintele în mod abuziv pentru a deruta masele cu privire la adevăr, în loc să-l reprezinte.

Fiecare are dreptul să creadă ceea ce dorește, dar este descurajant să văd atât de mulți creștini încercând să mă convingă de falsuri și comportându-se copilărește atunci când le dovedesc că greșesc. Ei nu se pot angaja într-un dialog onest decât dacă persoana din fața lor este prea naivă pentru a percepe înșelăciunea lor. În schimb, ca niște copii, de obicei încetează să mai vorbească cu mine atunci când își dau seama că nu au argumente pentru a le contracara pe ale mele. Mă tolerează doar atunci când se simt mai bine informați.

Deși nu am convingeri religioase specifice și nu forțez pe nimeni să accepte ceea ce nu vrea să creadă, este absurd să prezinți neadevăruri și apoi să dai înapoi când demasc minciunile. Majoritatea oamenilor din religiile abrahamice par să aibă un nivel cognitiv similar cu cel al unui copil, incapabili să facă față prezenței cuiva care nu le va accepta niciodată superstițiile și fanteziile. Aceste persoane sunt atât de profund hipnotizate de religia lor încât nu pot vedea dincolo de minciunile care le-au fost spuse, mai ales când și-au dedicat viața acestor înșelăciuni și chiar s-au căsătorit cu membrii congregațiilor lor.

Ei au devenit prea implicați emoțional pentru a renunța la minciuni și preferă să se agațe de ele până la moarte. Așa cum am observat de multe ori, unii nu cred cu adevărat ceea ce li se spune; ei doar se prefac pentru a-și menține familiile fericite și distrate. Cu toate acestea, Evanghelia lui Filip, care face parte din scripturile de la Nag Hammadi, este foarte clară atunci când afirmă: „Domnul o iubea pe Maria mai mult decât pe ucenici și o săruta adesea pe gură". Acest pasaj sugerează că Maria Magdalena era egala lui Iisus, o inițiată prin excelență, iar sărutul simbolizează această comuniune profundă. Sărutul reprezintă suflul de cunoaștere pe care Iisus i-l transmite Mariei Magdalena, desemnând-o ca ștafeta și noua sa mesageră după moartea sa.

Această interpretare este destul de evidentă, dar majoritatea creștinilor nu o văd pentru că predicatorii lor nu o predau. Acești oameni sunt orbiți de figuri de autoritate și dogme, ceea ce îi face incapabili să gândească pentru ei înşişi. Această incapacitate de a vedea înţelesuri mai profunde este evidentă mai ales atunci când discutăm cu creştinii anumite pasaje despre îngeri. De exemplu, am citit pasaje din Evanghelia lui Iuda unor creştini şi i-am întrebat ce părere au despre îngerii care călătoresc pe nori. Răspunsul a fost de obicei: „Ei bine, este vorba despre un înger care zboară pe un nor. Ce altceva ar trebui să cred?" Când îi întrebam dacă nu credeau că ar putea fi vorba de extratereştri, răspundeau imediat: „Oh, eşti unul dintre acei oameni care cred în extratereştri? Oh, da!"

Pentru ei, pare mult mai plauzibil să creadă în fiinţe înaripate care zboară în nori înconjuraţi de stele strălucitoare decât să întreţină ideea vieţii extraterestre. Această preferinţă pentru naraţiunile fantastice în detrimentul interpretărilor logice evidenţiază o deconectare cognitivă îngrijorătoare. Mulţi ar prefera să audă despre sori în mişcare şi stele călăuzitoare decât să ia în considerare implicaţiile unei tehnologii extraterestre avansate. Ideea unui Dumnezeu care zboară printre nori este mai acceptabilă pentru mulţi decât ideea unei nave spaţiale extraterestre, evidenţiind limitările cognitive ale majorităţii. Pentru aceşti creştini, este şi mai dificil să se confrunte cu ceea ce spune propria lor Biblie despre Dumnezeu, pe care adesea îl confundă cu adevăratul Dumnezeu.

Potrivit multor intervievaţi, extratereştrii au credinţe religioase diferite de ale noastre. Ei cred într-un „Creator" similar cu cel despre care a vorbit Iisus şi, la fel ca Iisus, văd întreaga umanitate ca fiind copiii aceluiaşi Creator. Ei nu se închină îngerilor, zeilor sau sfinţilor. Această perspectivă este în concordanţă cu budismul, care are, de asemenea, o forţă unificatoare similară cu Duhul Sfânt din catolicism. Această creaţie inteligentă funcţionează conform propriei voințe și propriilor legi, care pot fi observate în natură și în cosmos.

Acest lucru nu înseamnă, totuși, că un sistem de credințe false nu poate produce rezultate. De exemplu, o femeie din Filipine s-a rugat timp de patru ani unui personaj de desene animate numit Shrek, crezând că acesta este Buddha. În mod similar, mulți budiști din Thailanda, China și alte regiuni se roagă la figuri mitologice care nu au existat niciodată, considerând că aceasta este o formă legitimă de practică religioasă. În unele țări, așa cum am menționat deja, ei se roagă la propria lor nobilime.

Capitolul 20: Adevărul în mijlocul contradic iilor

În ciuda contradicțiilor care există în numeroasele religii ale lumii, pare să existe o predispoziție în rândul populației de a se închina la ceva, poate o rămășiță a originilor lor ca ființe aservite unor entități extraterestre. Buddha a predat calea către iluminare și a subliniat că a fi budist înseamnă să cultivi această cale în interiorul tău, nu să te închini unei statui. În mod similar, venerarea vacilor nu este intrinsec legată de hinduism, însă mulți hinduși se implică în această practică. Islamul nu pledează pentru decapitări sau conflicte nesfârșite cu creștinii, dar unii indivizi de această credință o fac. Scientologia nu sugerează să te împrietenești cu cineva doar dacă plătește pentru un serviciu, dar acest comportament este adesea observat. Francmasonii și rosicrucienii pretind că sunt cele mai incluzive organizații, dar această incluziune exclude adesea persoanele foarte inteligente sau curioase. Ei preferă persoanele care sunt mai puțin predispuse să pună la îndoială învățăturile lor, chiar și atunci când aceste întrebări scot la iveală minciuni sau interpretări greșite.

Acest scenariu este răspândit în multe sisteme de credință, motiv pentru care nu există religii bazate pe adevărata cunoaștere. Toate sunt conduse de presupuneri egoiste, întuneric, aroganță și ignoranță. Cei care se consideră importanți îi văd adesea pe cei care știu mai bine ca pe o amenințare. Este un truc psihologic pe care mintea îl folosește atunci când nu își poate înfrunta propriile limite, întunecate de ego. Aroganții nu vor realiza niciodată ceea ce nu vor să înțeleagă, din cauza lipsei lor de umilință și de dorință de a învăța.

Acest lucru nu înseamnă, totuși, că nu putem descoperi adevăruri în mijlocul dogmei. Deoarece natura umană a rămas consecventă de-a lungul a mii de ani, multe povești și învățături sunt încă valabile. În plus, dacă vă rugați Creatorului și luați în considerare conceptul de Duh Sfânt ca fiind intervenția Creatorului prin voi, recunoscându-vă drept co-creatori ai realității voastre, poate părea confuz la început, dar această perspectivă poate duce la o înțelegere mai profundă a modului în care religia a deturnat adevărul.

Creând, întruchipezi rolul unui creator; interferând în viața altcuiva prin acțiuni sau gânduri, acționezi ca un zeu. Creatorul-Dumnezeu este o interpretare mai largă și mai profundă a acestui concept. Îngerii, extratereștrii, sufletele celor decedați și diverse alte entități pe care mulți le interpretează drept manifestări ale lui Dumnezeu fac parte dintr-un spectru universal al vieții. Persoanele care pretind că comunică cu Dumnezeu pot comunica, de fapt, cu suflete decedate sau pot primi mesaje telepatice de la extratereștri.

Cu toate acestea, este important să reţineţi că nu toate entităţile au intenţii binevoitoare. Mulţi oameni nu au discernământul necesar pentru a recunoaşte acest lucru, în special atunci când presupun că convingerile lor religioase garantează că tot ceea ce aud şi gândesc vine de la Dumnezeu. Această presupunere îi poate face pe creştinii obişnuiţi mai susceptibili la posedarea demonică, deoarece ei cred că sunt în comunicare directă cu divinitatea lor. În acest sens, este interesant de observat că meditaţia, adesea descrisă de creştini drept o poartă către entităţile şi posesiunile demonice, poate fi una dintre cele mai eficiente metode de a recunoaşte sinele divin din interior şi de a obţine o formă mai pură de comunicare cu Sursa, adică adevăratul Dumnezeu, Creatorul universului.

Prin meditaţie, oamenii pot transcende dogmele şi pot începe să expună minciunile care le-au fost spuse. Meditaţia face posibilă, de asemenea, recunoaşterea manifestării celui de-al Treilea Ochi. Deschiderea celui de-al Treilea Ochi permite unei persoane să vadă ceea ce a fost ascuns anterior în spatele cuvintelor, interpretărilor şi conceptelor greşite, precum şi minciunilor şi învăţăturilor false. În budism, meditaţia nu este doar un act de golire a minţii, ci o metodă de unire cu Creatorul universului. Practica urmăreşte să ne elibereze de judecăţile, dogmele şi gândurile care obstrucţionează acest proces. Cum este posibil să învăţăm fără dispoziţia necesară?

Provocarea din lumea noastră este că mulţi oameni sunt departe de adevăr din cauza minciunilor care le-au fost spuse şi adesea resping adevărul atunci când le este prezentat. Pentru a înţelege învăţăturile lui Iisus, este necesar să studiem Evangheliile de la Nag Hammadi, în special referinţele la Maria Magdalena, pe care Iisus o considera cea mai înţeleaptă dintre discipolii săi. Evangheliile din Biblie au fost interpretate și traduse greșit de atât de multe ori, încât multe s-au pierdut în traducere, generând confuzie și presupuneri false. O mare parte din ceea ce oamenii consideră astăzi a fi creștinism este de fapt o interpretare medievală. Dacă oamenii de astăzi se luptă să înțeleagă aceste texte, ne putem imagina dificultățile cu care s-au confruntat cei care au încercat să le înțeleagă acum mii de ani, când alfabetizarea era rară.

Capitolul 21: De la Scriptură la Revela ie

Obsesia istorică față de Biblie este un fenomen care își are rădăcinile în disponibilitatea limitată a textelor timp de secole. Scrierile care au devenit în cele din urmă Biblia au fost printre puținele disponibile, iar orice informație nouă care apărea era adesea suprimată, ceea ce a dus la o ignoranță generalizată. Doar cei care înțelegeau latina sau greaca puteau interpreta textele originale, care erau de obicei păstrate în mănăstiri și inaccesibile publicului larg. Astăzi, oricine poate descărca cu ușurință aceste texte pe telefon și le poate citi oriunde, dar mulți aleg să nu o facă din lipsă de interes. În general, oamenii preferă să li se spună ce să creadă, ceea ce este surprinzător având în vedere numărul mare de traduceri ale textelor creștine originale disponibile în prezent.

Datorită inteligenței artificiale și a diferitelor aplicații de traducere online, oricine poate traduce cu ușurință scrierile originale și își poate face propriile interpretări, fără a urma orbește dogmele impuse. Cu toate acestea, această abordare necesită o schimbare a percepției noastre asupra religiei și a propriului nostru progres spiritual. Doar în ultimele decenii vălul a început să se ridice, permițând oamenilor să întrevadă ceea ce era ascuns anterior. Pe măsură ce tot mai multe dovezi arheologice şi cercetări ADN ies la lumină, dobândim o înţelegere mai profundă a adevăratei noastre naturi, a originilor noastre şi a scopului creaţiei noastre.

Deşi ştiinţa este încă la început, descoperirile semnificative din ultimii ani au făcut ca multe cărţi existente să devină caduce. Îmi amintesc un moment în care elevii din clasa mea mi-au pus întrebări despre biologie şi au fost surprinşi de răspunsurile mele, care contraziceau ceea ce predase profesorul. Ei au făcut propriile cercetări şi comparaţii şi şi-au dat seama că eu aveam dreptate şi profesorul se înşela. Când a fost confruntată, profesoara s-a chinuit să răspundă pentru că urma manualul. Elevii au fost şocaţi şi m-au întrebat în ora următoare: „Cum este posibil să ştii mai multe decât profesorul nostru de biologie, care nici măcar nu este domeniul tău de specializare?"

Le-am răspuns: „Răspunsul este simplu. Eu învăţ mereu despre noi descoperiri, în timp ce profesoara ta repetă acelaşi manual de zeci de ani - probabil acelaşi pe care i l-au dat propriii profesori. Acest lucru reprezintă decenii de ignoranţă în comparaţie cu progresele din ultimii ani."

Aşa cum am observat de multe ori, lumea se schimbă prea repede pentru mulţi oameni care trec prin viaţă somnambuli. Ei se trezesc adesea prea târziu pentru a-şi înfrunta propriile coşmaruri pentru că au rămas ignoranţi prea mult timp. Acest lucru poate explica de ce refuză să se trezească şi, în schimb, îi insultă pe cei care, ca mine, le contestă convingerile. Am fost insultat de oameni din toate grupurile religioase pe care le-am întâlnit, deoarece mulţi preferă să rămână ignoranţi decât să se trezească la adevăr. Ei acordă prioritate acceptării și nevoii de a se simți importanți în fața căutării adevărului. În acest context, o persoană obișnuită pare ignorantă în mod deliberat.

Ignoranța este o provocare majoră nu numai pentru persoanele religioase, ci și pentru oamenii de știință. Mulți oameni de știință sunt dogmatici în convingerile lor din motive similare cu cele ale oamenilor religioși. Ei sunt adesea perplecși de scrierile și descoperirile arheologice de pe Marte și de pe Lună, deoarece aceste descoperiri le pun la încercare înțelegerea evoluției umane și a istoriei civilizațiilor. Posibilitatea interferenței extraterestre subminează conceptul de cronologie liniară și progres, așa cum este descris în multe texte științifice.

Această interpretare liniară este răspândită și în rândul cercetătorilor religioși, care adesea ignoră interacțiunea complexă dintre adevărurile istorice, interpretările religioase și tendința umană de a se agăța de credințe și fantezii care pot să nu fie în concordanță cu realitatea. Oamenii de pe această planetă nu sunt pregătiți să se confrunte cu o prăbușire completă a credințelor lor, ceea ce face ca relația dintre știință și religie să fie mai complexă. Ființele umane au o înclinație naturală spre simplitate și, cu cât sunt mai puțin informate, cu atât gravitează mai mult spre explicații simpliste. Cu toate acestea, viețile noastre sunt confuze și istoria noastră este complicată, marcată de influența diferitelor ființe extraterestre de-a lungul călătoriei noastre ca specie.

Aspectul pozitiv al acestei situații este că, dacă luăm în considerare conceptul de apocalipsă descris în Biblie, putem concluziona că trăim în prezent o astfel de perioadă. Suntem expuși la multe adevăruri care ne-au fost ascunse anterior. Astăzi, nu ignoranții sunt cei care nu pot vedea, ci orbii: cei aroganți, incapabili să gândească singuri și plini de idei și presupuneri false. Termenul „apocalipsă” înseamnă revelație și se referă la dezvăluirea adevărului evident pentru cei care sunt dispuși să învețe. Este ceva pozitiv, nu ceva rău, așa cum este portretizat de obicei în cercurile religioase.

Capitolul 22: Credin e spirituale

Misticismul din jurul lui Iisus este asociat cu Epoca Peştilor, care s-a încheiat în 2020. În această perioadă, lumea s-a unit sub o frică comună, deoarece frica serveşte ca o forţă polarizatoare puternică, exact opusul iubirii, un termen care este adesea folosit greşit şi suprautilizat fără o înţelegere adecvată în societatea actuală. Conceptul de iubire a fost folosit pentru a descrie compasiunea şi empatia, care par să aibă puţin sens în lumea egoistă şi narcisistă de astăzi.

Pe măsură ce narcisismul creşte, distincţia dintre narcisişti şi empatici devine mai pronunţată, dezvăluindu-i pe cei care sunt favorizaţi de Creator - cei aleşi - şi pe cei care au îmbrăţişat întunericul. Contrastul dintre lumină şi întuneric, sau dintre cei aleşi şi cei respinşi, nu putea fi mai evident. Cei aleşi transcend dogma şi apartenenţa la organizaţii religioase. Ei sunt buni, capabili să îi vadă pe ceilalţi prin sufletul lor, nu prin culoarea pielii sau naţionalitatea lor, şi îi acceptă pentru calităţile lor, nu pentru statutul lor social.

În schimb, cei care îmbrățișează partea întunecată sunt obsedați de validarea socială, inconștienți de ignoranța lor, aroganți, prezumțioși și discriminatori pe baza convingerilor lor, nu pe baza înțelegerii. Cei din partea întunecată nu au compasiune, deoarece dragostea lor este condiționată, de obicei legată de afilierea religioasă. Cu toate acestea, diferențele dintre cei care sunt pregătiți să urce și cei care nu sunt pot fi văzute clar și în credințele lor. Doar cei aflați în întuneric ar căuta salvarea dintr-o sursă externă, în loc să cultive înțelepciunea de a se salva singuri și de a-i ajuta pe alții să facă același lucru.

Alex Collier, fost pilot al armatei americane și vorbitor public, susține că a petrecut trei luni la bordul unei nave spațiale extraterestre. El avertizează că a doua venire a lui Hristos este orchestrată de extratereștrii Greys în colaborare cu anumite entități secrete de pe Pământ, care vor folosi o clonă umană cu amintirile tuturor religiilor de pe planetă. Această manipulare este posibilă deoarece oamenii de pe Pământ sunt susceptibili la înșelăciune, bazându-se adesea pe texte (cum ar fi Biblia sau Coranul) scrise de persoane care au primit informații telepatice de la extratereștri, interpretându-le drept adevăruri divine.

Din punct de vedere istoric, ființele umane au acceptat orice lucru prezentat ca fiind ceresc sau din dimensiuni paralele ca fiind în mod inerent bun și divin, ceea ce le face susceptibile la corupție și înrobire. Cu toate acestea, având în vedere tehnologia avansată a extratereștrilor, este relativ ușor pentru aceștia să se prezinte drept îngeri, Iisus sau orice altă imagine holografică, în funcție de implanturile unei persoane. Această capacitate poate face ca persoane naive, cu legături religioase puternice, să cadă în plasa înşelăciunilor lor. În plus, întrucât aceste fiinţe pot, de asemenea, manipula timpul, ele pot construi înşelătorii istorice care sunt implantate în psihicul colectiv al maselor, făcându-le să le perceapă mai degrabă ca salvatori decât ca adversari.

Acest implant colectiv este consolidat de-a lungul generaţiilor şi în fiecare cultură de pe planetă. Prin urmare, deşi unii cred că, pe măsură ce planeta trece la o vibraţie mai înaltă, restul populaţiei va fi atras odată cu ea, sporindu-şi capacităţile cognitive, acest lucru nu este neapărat adevărat, deoarece fiinţele umane au liber arbitru. Chiar dacă planeta trece în dimensiunea a 4-a, o umanitate amorţită şi apatică, drogată cu substanţe chimice şi obsedată de dogme, s-ar putea să nu fie capabilă să primească cunoştinţele şi energiile spirituale aduse de această schimbare. S-ar putea chiar să se opună acestor schimbări şi să rămână într-o densitate de nivel inferior, supunându-se în mod voluntar unor agende care nu au în vedere interesele lor cele mai bune şi care le pot pune chiar viaţa în pericol.

După cum am mai văzut de multe ori, o parte semnificativă a populaţiei este mai dispusă să accepte opresiunea decât să o înfrunte. Aceste circumstanţe pot apărea, de asemenea, pentru că un mic segment al populaţiei, înşelat de lăcomie şi de promisiunea vieţii veşnice, a făcut înţelegeri cu anumite rase extraterestre pentru propriul beneficiu şi pentru viitorul familiilor lor. Aceleaşi persoane se află în spatele a ceea ce se numeşte acum „resetarea globală" pentru „Obiectivele de dezvoltare durabilă" promovate de Organizaţia Naţiunilor Unite, care sunt anunţate ca fiind dezvoltarea unei utopii pentru civilizaţia terestră. Aceasta include agenda de depopulare prin pandemii proiectate, precum cele la care am asistat în 2020 și 2021.

Timp de mai bine de un an, guvernele și oamenii de știință au mințit populația, susținând că pandemia nu a fost cauzată de om. Oricine spunea altceva era cenzurat, interzis pe rețelele de socializare și ridiculizat. Abia mult mai târziu, autoritățile au recunoscut în cele din urmă că a fost vorba de un virus modificat genetic. Cu toate acestea, și-au îndreptat rapid atenția către campanii menite să se asigure că toată lumea primește unul dintre vaccinurile aprobate.

Capitolul 23: Dezvăluirea agendei ascunse

La scurt timp după ce cetățenii americani au fost vaccinați împotriva COVID-19, aproape patru mii de oameni au murit. Deși mulți au susținut că nu există nicio corelație, datele de la Biroul Central de Statistică din Israel au arătat o creștere cu 22% a mortalității generale în ianuarie și februarie 2021, în perioada de vârf a campaniei israeliene de vaccinare în masă. Aceasta a fost cea mai mortală perioadă din ultimul deceniu, cu cele mai ridicate rate ale mortalității generale comparativ cu lunile corespunzătoare din ultimii 10 ani. Se estimează că mult mai mulți vor muri în anii următori din cauza daunelor permanente cauzate de aceste vaccinuri sistemului imunitar și organelor vitale.

Cu toate acestea, insistența pentru vaccinarea obligatorie a populației nu se oprește aici, deoarece face parte din Agenda de imunizare 2030 (IA2030) pentru abordarea „provocărilor următorului deceniu". În spatele acestor așa-numite „provocări" se află ținte specifice, deoarece sloganul Organizației Mondiale a Sănătății, „nu lăsați pe nimeni în urmă", arată clar că intenția este de a forţa pe toată lumea la „eutanasie voluntară" printr-un efort coordonat la nivel mondial între guverne şi diverse instituţii de sănătate.

Motivul este că, chiar dacă unele rase extraterestre doresc să controleze planeta şi să ţină oamenii supuşi cerinţelor lor, nu au nevoie de o populaţie numeroasă, deoarece existenţa a miliarde de oameni face dificilă gestionarea atâtor indivizi. Cu ajutorul tehnologiei de clonare, nu mai este nevoie să ţină în servitute mase mari de populaţie, deoarece noi fiinţe umane pot fi pur şi simplu concepute la cerere, în acelaşi mod în care este construită orice altă maşină, cum ar fi roboţii. De fapt, roboţii devin atât de avansaţi încât fac din ce în ce mai mulţi oameni inutili, deoarece marea majoritate a populaţiei pur şi simplu nu mai este necesară din cauza lipsei lor de creativitate şi a capacităţii cognitive scăzute.

Între timp, unele aşa-numite „culte creştine nou-născute", cum ar fi Martorii lui Iehova, cred că „Iehova şi Iisus vor să-i readucă la viaţă pe cei dragi nouă" (In Jw.org), deoarece este uşor să-i păcăleşti pe oameni cu tehnologia clonării şi cu capacitatea de a restaura amintirile celui decedat într-o nouă fiinţă. Această credinţă este similară cu cea a mai multor alte religii abrahamice, inclusiv creştinismul, islamul, iudaismul, babismul, credinţa bahá'í, druzismul, samaritanismul, şabakismul şi rastafarianismul, printre altele.

Ceea ce nu înţeleg aceste grupuri este că nu este posibilă restaurarea sufletului şi că există o diferenţă între spirit şi memorie. Doi oameni pot avea aceleaşi amintiri şi totuşi să fie indivizi diferiţi. Ca urmare, toate aceste religii se pregătesc pentru o iluzie colectivă, în care sunt înșelate de un singur eveniment. Genocidul unei mari părți a populației Pământului, urmat de înrobirea umanității rămase sub autoritatea religioasă a griilor și a draconienilor (extratereștri umanoizi cu ADN reptilian), ar putea marca un moment de resetare semnificativ în istoria lumii.

Potrivit lui Alex Collier, această „repornire" direcționează, de asemenea, diferitele religii într-o direcție specifică, dar unificată. Prin crearea unor religii care îi determină pe oameni să caute intervenția divină, extratereștrii răuvoitori sunt bine primiți atunci când încearcă să exercite controlul asupra lor. Această strategie înlătură responsabilitatea rasei umane de pe Pământ și le permite acestor extratereștri să-i controleze pe oameni fără consecințe karmice, evitând intervenția altor extratereștri care încearcă să-i salveze din sclavie și stagnare spirituală.

Din păcate, majoritatea oamenilor sunt prea apatici, blocați în rutina lor și în slujbele lor de la 9 la 17, obsedați de achizițiile materiale și, prin urmare, nu sunt interesați să evolueze sau să se implice cu informații noi. Această apatie îngreunează munca Andromedanilor, a Pleiadienilor și a altor rase benigne, precum și a starseeds de pe planetă. Mulți experți susțin că extratereștrii draconici au capacitatea de a-și schimba forma, arătând și vorbind ca oamenii, pentru a-și păcăli contactele să creadă că comunică cu îngerii, extratereștrii binevoitori sau chiar oameni arătoși. Ei fac acest lucru pentru că știu că aspectul lor natural i-ar speria pe oameni.

Se crede că oamenii înalți, albi, cu aspect nordic care i-au contactat pe naziști pentru a-i ajuta să dezvolte noi tehnologii erau de fapt ET draconici. De asemenea, se crede că Grey Zeta Reticuli, care posedă aceleași abilități de schimbare a formei și pot apărea ca oameni sau îngeri pentru persoanele răpite, lucrează pentru draconieni. Collier explică faptul că draconienii sunt o civilizație războinică care urmărește să cucerească întreaga galaxie.

Capitolul 24: Influenţa draconică

Potrivit lui Alex Collier, draconienii au un aspect umanoid, asemănător dinozaurilor noştri, dar cu o formă diferită. Este posibil să fi evoluat în această formă din genetica dinozaurilor noştri, la fel cum noi, oamenii, am evoluat din genetica primatelor. Abilităţile lor telepatice le permit să realizeze iluzii precise, transformându-se într-o formă înrudită cu cea cu care individul contactat se simte cel mai confortabil. Aceasta poate include apariţia unei persoane dragi decedate sau a unei figuri mitologice sau divine. Ceea ce determină persoana să îşi reducă apărarea psihologică şi să creadă din toată inima este ceea ce va apărea, iar acest lucru include orice formă de miracol aparent, aşa cum este descris de creştini.

Atitudinea draconică faţă de alte rase, inclusiv faţă de oameni, este legată de viziunea lor asupra vieţii. Fiind o rasă de războinici galactici, ei se consideră practici şi nu pot empatiza cu oamenii, deoarece văd omenirea de pe Pământ ca fiind autodistructivă şi agresivă faţă de planetă, care este o resursă preţioasă şi foarte valoroasă pentru ei. Deşi doar un subgrup din rasa lor doreşte să controleze oamenii, adevărata lor intenţie este să deţină şi să protejeze Pământul, ceea ce poate explica dorinţa lor de a extermina marea majoritate a omenirii.

În afară de faptul că sunt o forţă de muncă slabă şi o sursă de hrană potenţial nesănătoasă, oamenii au o valoare redusă pentru această rasă. Oamenii nu au suficientă grijă de corpul lor pentru a fi consideraţi o sursă viabilă de hrană. Draconienii sunt carnivori şi nu le place să mănânce carne moartă, preferând animalele vii. Ei pot mânca oameni, dar au o preferinţă pentru copii, deoarece carnea lor nu este contaminată de tipul de mâncare pe care îl consumă adulţii sau de substanţe chimice.

Potrivit lui Alex Collier, mulţi copii din întreaga lume au dispărut pentru a hrăni aceste fiinţe din cauza acordurilor cu Grays, prin care guvernele primesc tehnologie în schimbul acoperirii sau asistenţei lor, inclusiv tehnologie militară, tehnologie pentru nave spaţiale (care permite călătoria în spaţiu) şi tehnologie de călătorie în timp (care permite serviciilor secrete americane să efectueze investigaţii prin trimiterea oamenilor înapoi în timp sau în viitor).

La 25 octombrie 2019, FBI a publicat mai mult de 300 de pagini despre o reţea de trafic de copii cu presupuse legături cu CIA. Ted Gunderson (fost director FBI), care a investigat aceste cazuri şi multe altele, a descoperit „mai multe tuneluri” sub mai multe oraşe americane legate de traficul de copii şi de crime. Într-un discurs public, Gunderson a declarat: „CIA face mafia să arate ca o clasă de şcoală duminicală... CIA se află în spatele aproape fiecărui atac terorist din Statele Unite”.

Potrivit acestuia, CIA a fost în spatele atacurilor teroriste asupra World Trade Center şi toate celelalte agenţii de informaţii ştiau acest lucru, inclusiv Mossad-ul israelian şi MI5-ul britanic. Aceste atacuri, a spus el, au fost concepute pentru a influenţa noile restricţii privind libertăţile civile şi pentru a permite supravegherea cetăţenilor americani. Odată cu modificările legislative şi după numeroasele atacuri teroriste, NSA are acum capacitatea de a monitoriza fiecare persoană din SUA.

Gunderson a sfârşit prin a fi otrăvit cu arsenic de către CIA, după cum cred experţii pe baza diferitelor semne din corpul său după moarte. Unul dintre efectele otrăvirii cu arsenic este cancerul, motiv pentru care CIA îl foloseşte, deoarece face ca moartea să pară naturală. CIA a fost implicată în uciderea mai multor persoane care au încercat să divulge informaţii despre relaţiile guvernului american cu fiinţe extraterestre, inclusiv a actriţei emblematice Marilyn Monroe. Această afirmaţie este susţinută de o notă CIA datată 3 august 1962 - cu doar două zile înainte ca Monroe să fie găsită moartă din cauza unei supradoze de droguri. Nota se referă la o conversaţie ascultată între Monroe şi un reporter, în care aceasta îşi exprima intenţia de a dezvălui secrete legate de „lucruri din spaţiul cosmic" în cadrul unei viitoare conferinţe de presă (în documentarul „Unacknowledged").

Un an mai târziu, în 1963, CIA a orchestrat asasinarea preşedintelui american John F. Kennedy, folosind trei asasini diferiţi, inclusiv Lee Harvey Oswald şi propriul său şofer, William Greer. Oswald a fost împuşcat ulterior de Jack Ruby pentru a-l împiedica să dezvăluie legăturile sale cu CIA. Ruby avea să moară în închisoare doar patru ani mai târziu. Rapoartele care au urmat acestui incident indică faptul că Ruby „a dispărut pentru o perioadă de aproximativ douăzeci până la douăzeci şi cinci de minute înainte de a fi văzut din nou după asasinat", sugerând că ar fi putut fi constrâns să îl ucidă pe Oswald. Această posibilitate este întărită de afirmațiile repetate ale lui Ruby că viața sa era „în pericol" și de dorința sa de a „spune adevărul". În cele din urmă, Ruby a murit de cancer, care ar fi putut fi cauzat de CIA pentru a-l împiedica să vorbească.

Capitolul 25: Înrobirea oamenilor

La 27 februarie 2012, WikiLeaks a început publicarea Global Intelligence Files, cu peste cinci milioane de e-mailuri de la Stratfor, companie globală de informații cu sediul în Texas. Aceste e-mailuri dezvăluie operațiuni confidențiale de informații ale unor mari corporații precum Dow Chemical Co. din Bhopal, Lockheed Martin, Northrop Grumman și Raytheon, precum și ale unor agenții guvernamentale precum Departamentul de Securitate Internă al SUA, US Marines și Agenția de Informații pentru Apărare a SUA. Unul dintre documente, datat 12 noiembrie 1963 - cu doar zece zile înainte de asasinarea lui Kennedy - se referă la mușamalizarea fenomenului OZN/alienilor. Acesta arată că președintele Kennedy a solicitat o revizuire a clasificării tuturor dosarelor CIA privind OZN-urile care ar putea afecta securitatea națională.

Kennedy s-a opus secretomaniei și a încercat să informeze publicul cu privire la viața extraterestră, ceea ce a intrat în conflict cu politica CIA stabilită prin acorduri cu președinții anteriori și cu anumite rase extraterestre. Este posibil ca acest conflict să fi reprezentat un factor semnificativ în decizia CIA de a-l asasina în plină zi, acționând ca un avertisment sever pentru orice alți politicieni care ar avea în vedere acțiuni similare în viitor. Cu toate acestea, trebuie să ne întrebăm de ce aceleași sisteme de control și înrobire persistă și astăzi și de ce oamenii continuă să fie afectați de războiul biologic, așa cum s-a văzut în trecut cu virușii creați în laborator, precum SIDA și COVID-19.

Răspunsul la aceste întrebări este simplu: sistemul continuu de control, represiune și opresiune există deoarece ființele umane de pe Pământ rămân valoroase pentru aceleași rase care le înrobesc. Deși proprietatea acestei corporații numite Pământ și-a schimbat mâinile de-a lungul mileniilor fără știrea publicului, la fel cum majoritatea oamenilor nu observă înlocuirea directorului general al unui brand important, răspunsul la aceste întrebări este simplu. Este fascinant să vedem că oamenii încă mai apreciază metalele precum aurul, care sunt cunoscute pentru că sunt superconductoare și pentru că sunt asociate cu spiritualitatea și energia vitală. Cu toate acestea, majoritatea țărilor au în prezent foarte puțin aur, deoarece acesta a fost achiziționat de diverse părți de-a lungul anilor și a dispărut în mare parte. Aurul pe care îl avem acum provine din aceleași mine vechi, dar asta nu înseamnă că avem aceeași cantitate de aur ca înainte. Astăzi, moneda de schimb este banul.

În plus, de ce ar trebui oamenii să rămână înrobiți când există suficientă tehnologie pentru a elibera societatea de aceste condiții? De ce energia liberă este suprimată, negată și interzisă? Mulți oameni cred că este normal să petreacă o viață întreagă înrobiți de munca consumatoare de timp, dar dacă nu ar trebui să muncească, ar avea ocazia să se educe și să citească mai mult. Cei care susțin că cititul excesiv este dăunător şi duce la confuzie se înşală, la fel ca şi cei care cred că o singură carte este suficientă pentru cunoştinţe complete. Este la fel de absurd să afirmi că lectura şi spiritualitatea sunt incompatibile, o idee pe care o întâlnesc adesea în lume. Oamenii cred adesea că doar credinţa este suficientă sau, chiar mai rău, că banii şi spiritualitatea nu pot coexista, deoarece o adevărată fiinţă spirituală nu este preocupată de bogăţia materială. Această ultimă credinţă este cea mai greşită dintre toate, pentru că nu poţi învăţa despre spirit lucrând tot timpul. Singurul motiv pentru care am zile, săptămâni şi luni întregi pentru a citi ce vreau este pentru că am afaceri care generează venituri pasive.

Cei care susţin că spiritualitatea şi banii nu au nimic de-a face una cu cealaltă nu au de obicei timp pentru nimic şi, în medie, termină doar o carte pe an sau chiar întreaga lor viaţă. Sunt ca nişte animale dresate, care repetă ceea ce au fost condiţionate să creadă, chiar dacă nu are sens. Majoritatea oamenilor pe care îi cunosc care spun că citesc cărţi nu se implică în literatură pentru că nu au timp. În schimb, ei se cufundă în programe de televiziune şi îşi petrec weekend-urile bând cu oameni care le împărtăşesc ignoranţa. În aceste cercuri sociale, ei îşi consolidează reciproc convingerile false, creându-şi un fals sentiment de importanţă care poate dura o viaţă întreagă. Ei nu ştiu mai mult decât ceea ce li s-a spus să creadă şi nu manifestă nicio simpatie pentru adevăr sau interes pentru învăţare.

Dacă prezentaţi unei astfel de persoane dovezi, analize şi perspective din lecturile dumneavoastră, aceasta vă poate eticheta drept nebun. În societatea actuală, a şti prea multe este adesea considerată nebunie, în timp ce ignoranţa este considerată înţelepciune, deoarece oamenii urmează turma. Cei care îşi dedică timpul pentru a învăța despre subiecte ignorate de majoritate sunt adesea considerați excentrici. Dar de ce am dori să menținem miliarde de oameni într-o stare de ignoranță absolută, distrași de chestiuni triviale, cu excepția cazului în care Pământul este o planetă închisoare bogată în resurse?

Capitolul 26: Originile sufletului

Mulți oameni întreabă: „Dacă reîncarnarea există, de unde vin toate sufletele?" Răspunsul este simplu: de pe alte planete. Ați observat că, odată cu creşterea populaţiei, cresc şi nemulţumirile, rasismul, xenofobia şi discriminarea? Acest lucru se datorează faptului că mulţi oameni simt instinctiv că locul lor nu este aici. Extratereştrii care au creat şi înrobit omenirea şi-au dat seama că trebuie să ţină fiinţe spirituale permanent ataşate de corpurile umane pentru a le anima şi a le face suficient de inteligente pentru a-şi face treaba. Aşa că au adus criminali din alte sisteme stelare şi alţi indivizi indezirabili pentru a ocupa corpurile de pe Pământ.

Oamenii au fost trataţi ca condamnaţi la muncă forţată, la fel cum tratăm noi sclavii de război şi prizonierii criminali. În acest fel, Pământul a devenit o colonie penală, la fel ca Australia. Acesta este un adevăr incomod, iar liderii religioşi au încercat să îl atenueze făcând povestea Genezei mai plăcută. De-a lungul istoriei, am schimbat întotdeauna poveştile pentru a ne prezenta într-o lumină mai bună. Acesta nu este un fenomen nou; fiecare naţiune din lume a procedat la fel, privind istoria printr-o lentilă care le favorizează propria perspectivă, adesea reconstruind fapte şi fabricând poveşti pentru a explica evenimentele într-un mod mai favorabil imaginii lor.

De exemplu, britanicii susţin că au „civilizat" naţiunile în care au comis genocid în masă. Dar povestea fabricată de evrei este oare diferită? Cu siguranţă că nu! Naraţiunea lor îi prezintă de obicei ca pe nişte războinici curajoşi care au luptat împotriva celor care se opuneau credinţei lor, în timp ce săpăturile arheologice dezvăluie o realitate foarte diferită. Tulburările mintale nu au apărut de nicăieri; aceşti indivizi au fost plasaţi aici pentru că aceasta este o colonie penitenciară de mare densitate din care nu pot evada. Alte fiinţe din lumi mai bune se pot referi la această existenţă ca la iad, din cauza vibraţiilor scăzute şi a stării constante de frică, anxietate şi opresiune.

Cu toate acestea, trebuie să vă ridicaţi conştiinţa pentru a recunoaşte această realitate. Pentru marea majoritate, acest mod de viaţă pare normal şi ei susţin că confruntarea cu probleme şi ameninţări dă sens existenţei lor. Masele au învăţat să accepte această stare şi, atunci când sunt încurajate să „gândească pozitiv", sunt adesea conduse de agendele New Age să îşi accepte circumstanţele actuale în loc să evolueze către stări superioare de conştiinţă.

Deşi există unele suflete evoluate din alte galaxii - adesea numite Starseeds sau Indigos - care vin pe această planetă pentru a-i ajuta pe alţii să scape de sclavie prin dezvoltarea unei conştiinţe superioare, acestea sunt adesea intimidate, discriminate şi ostracizate. Acest lucru se datorează perspectivei lor diferite, pe care societatea o consideră în general de neînțeles. În loc să fie apreciați pentru înțelepciunea lor, ei sunt evitați. În acest fel, masele își perpetuează ignoranța, deoarece nu sunt pregătite pentru ascensiune și tind să se ferească de oricine sau de orice le-ar putea scoate de pe această planetă închisoare.

Ele nu au capacitatea de a discerne și sunt prinse în permanență între polii binelui și răului, precum oile păstorite de câini. Ei au dificultăți în a distinge binele de rău, deoarece nu pot gândi singuri; au o conștiință scăzută, un simț redus al moralității și o lipsă de empatie și compasiune. Ei urmează turma și își formează opinii personale pe baza consensului popular. Dacă mulți declară că un lucru este bun, îl acceptă fără să pună la îndoială. Ei sunt indiferenți față de natura problemei, atâta timp cât au o turmă care să le susțină opiniile.

Ați observat vreodată că oamenii sunt întotdeauna integrați într-o ideologie de grup, fie ea științifică, religioasă sau atee? Atât timp cât simt că aparțin unui grup, ei cred că au dreptate. Acest comportament este un exemplu de conștiință scăzută, caracterizată de o mentalitate de turmă și de o lipsă totală de percepție a adevărului. O stare mentală axată pe instinctul de supraviețuire, înrădăcinată în atașamentul față de mundan și iluziile sale, îi face pe oameni să creadă că ego-ul lor este important. Această convingere îi face să acorde o importanță exagerată personalității lor și a ceea ce societatea crede despre ei.

Ca urmare, ei presupun că drepturile lor sunt superioare celor ale celorlalți. Atunci când se confruntă cu dificultăți cotidiene, cum ar fi teama de a-și pierde locul de muncă, de a rămâne singuri, de a nu avea prieteni sau de a suferi discriminări şi umilinţe, instinctul lor de supravieţuire se intensifică. Această frică exacerbată le sporeşte ego-ul şi le reduce capacitatea de a gândi raţional. Ca urmare, aceste persoane devin din ce în ce mai reactive, precum animalele sălbatice. Prin urmare, persoanele conduse de ego sunt adesea instabile emoţional, nu se controlează şi tind să fie nepoliticoase şi violente. Aceste persoane au puţin simţ al moralităţii sau al comunităţii, reducându-şi valorile la ceea ce pot câştiga pentru ele însele. Ei sunt obsedaţi de propria supravieţuire şi popularitate. Logica nu are niciun sens pentru ei.

Capitolul 27:
În elegerea for elor în joc

Ori de câte ori masele se apropie de a-şi înţelege limitele, guvernul intervine, subminându-le abilităţile analitice cu ameninţări cu războiul, terorismul şi alte măsuri represive. Sistemul însuşi contribuie la ignoranţa oamenilor. Acesta este motivul pentru care o parte semnificativă a populaţiei nutreşte sentimente rasiste şi xenofobe; ei au fost reduşi la o stare primitivă, preocupaţi doar de plăcere şi subzistenţă, ca orice alt animal.

În viaţa acestor indivizi apar tipare. Mulţi cred că dragostea constă în doi oameni care împărtăşesc idei identice şi gândesc ca unul singur. Ei percep prietenii ca fiind cei care laudă fiecare act prostesc. Ei echivalează dragostea cu supunerea oarbă, care aminteşte de mentalitatea de supravieţuire a anumitor grupuri religioase. Admiraţia lor se extinde la medici, asistente medicale şi oameni de ştiinţă, deoarece aceste profesii se bazează, de asemenea, pe supravieţuirea prin supunere.

Pentru aceşti indivizi, întemniţaţi de fricile lor, cel mai terifiant concept este necunoscutul. În el, ei nu se supun decât lor înşişi, iar incertitudinea supravieţuirii este mare. Astfel, ideea reîncarnării este adesea ridiculizată şi respinsă; atunci când oamenilor li se spune că sunt nemuritori, frica de moarte dispare. Acesta este un truc, înţelegeţi. Oamenii au fost păcăliţi într-o stare de sclavie şi ignoranţă spirituală care le împiedică sufletele să evolueze şi să părăsească planeta.

Religia joacă un rol semnificativ în menţinerea acestei sclavii, deoarece ascensiunea spirituală necesită dezvoltarea gândirii independente şi a raţionamentului etic. Aceste caracteristici constituie baza dezvoltării etice, a empatiei şi a altruismului, care nu pot înflori atunci când indivizii îşi supun judecăţile morale unei autorităţi superioare, pe care o numesc Dumnezeu. Această moralitate colectivă, combinată cu teama de discriminare şi ostracizare, creează o barieră formidabilă care împiedică descoperirea dreptului de a gândi individual.

Acest drept este suprimat şi mai mult ori de câte ori cineva încearcă să îşi dezvolte discernământul prin analizarea şi compararea diferitelor scripturi religioase sau a interpretărilor şi traducerilor acestora. Orice preot care îi condamnă pe cei care încearcă să facă acest lucru atacă libertatea de gândire în cadrul propriei sale comunităţi. Prin urmare, este clar că nicio religie nu poate fi cu adevărat liberă, indiferent de cât de deschis la dezbatere pretinde un grup că este. Fără o înţelegere clară a eticii şi justiţiei, un suflet nu poate spera să scape de această planetă închisoare şi să ajungă în raiul promis, un tărâm al conştiinţei superioare.

Ceea ce îi atrage pe oameni către religie este exact ceea ce le este luat de către moralitatea grupului care îi reprimă în cadrul aceleiaşi comunităţi religioase. Ca urmare, religia ajunge să îi servească pe cei care doresc să menţină omenirea prinsă şi înrobit pe această planetă pentru eternitate, deoarece fiinţele umane nu au alte mijloace de a evada şi de a se înălţa spre realităţi mai bune, inclusiv spre cele din care îşi au originea sufletele lor.

Menţinerea umanităţii în conflict, din motive religioase sau politice, menţine, de asemenea, densitatea sufletelor la cel mai scăzut nivel posibil, caracterizat prin frică şi discriminare fără empatie. Ori de câte ori omenirea încearcă să se unească pentru un scop mai înalt şi este educată în învăţături spirituale concrete, aşa-numitul Dumnezeu biblic alege să încurajeze divizarea între oameni. Geneza 11:1-9 ilustrează această intenţie prin declaraţia: „Haideţi să ne pogorâm şi să le încurcăm limba, ca să nu-şi înţeleagă unii altora vorbirea”.

Mai mult, acest Dumnezeu biblic pare să fi împrăştiat oamenii pe întreaga planetă pentru a-i împiedica să se unească pentru un scop comun, aşa cum este descris în Geneza: „De acolo, Domnul i-a împrăştiat pe toată faţa pământului”. Aşadar, este doar o coincidenţă faptul că pandemia de coronavirus este folosită ca o scuză pentru a restricţiona călătoriile sau pentru a impune vaccinarea obligatorie pentru îmbarcarea în avioane? Din punct de vedere istoric, fiinţele umane au fost tratate ca bunuri mobile, iar încercările de a comunica adevăruri superioare au fost în mod constant reprimate. Situaţia nu s-a schimbat. Cenzura adevărului persistă până în prezent, în ciuda numeroaselor căi de schimb de informaţii.

Doar relatările oficiale ale instituțiilor controlate de guvern sunt considerate acceptabile, în timp ce punctele de vedere alternative sunt ridiculizate și respinse. Atunci când ridiculizarea eșuează, cei care îndrăznesc să împărtășească adevărul sunt adesea închiși pe baza unor acuzații false sau uciși într-un mod aparent accidental sau sinucigaș. Cu toate acestea, în ciuda acestor atacuri asupra celor care se trezesc, eliberarea sufletului prin cunoaștere este posibilă pentru cei care sunt dispuși să facă călătoria fără să privească înapoi.

Scriitorul Sir Charles Eliot explică: „Suferința este rezultatul înrobirii sufletelor față de materie, dar această înrobire nu afectează natura sufletului și, într-un sens, nu este reală. Atunci când sufletele dobândesc o cunoaștere discriminatorie și realizează că nu sunt materia însăși, sclavia încetează și ele ating pacea eternă". De asemenea, Buddha și mulți alți mari maeștri spirituali care au venit să elibereze omenirea au transmis același mesaj afirmând că rădăcina suferinței este atașamentul.

Capitolul 28: Influențe culturale și evoluție

Înțelegerea istorică a lui Iisus și a altor profeți este limitată deoarece aceștia nu și-au consemnat învățăturile în scris. Biblia, bazată în principal pe relatările lui Isus, este puternic influențată de sursele și cultura greacă, ridicând întrebări cu privire la autenticitatea credințelor creștine. Indiferent dacă Iisus a fost o figură fictivă sau istorică, învățăturile sale pot fi considerate fiabile doar dacă sunt în concordanță cu învățăturile altor profeți. Această abordare necesită studierea textelor care au circulat în numele său și care au fost modificate sau distruse de Conciliile de la Niceea. În consecință, aceasta ar pune la îndoială convingerile tuturor credințelor religioase care pretind că sunt creștine astăzi, cu excepția celor care se uită la scrierile originale pentru orientare.

Această perspectivă nu numai că cere o nouă Biblie, dar subminează și versiunea general acceptată și recunoscută de comunitățile creștine din întreaga lume ca fiind adevăratul Cuvânt al lui Dumnezeu. Este important de reținut că Biblia, așa cum o știm astăzi, a apărut abia în secolul al XII-lea. În plus, traducerile recente ale Bibliei includ note și interpretări care favorizează Israelul și comunitatea evreiască. Oxford University

Press, în special, a fost responsabilă pentru numeroase modificări ale Bibliei care favorizează o poziție pro-Israel, multe dintre acestea putând fi găsite în Scofield Reference Bible. Charles E. Carlson explică: „Textul biblic a fost manipulat prin traduceri și interpretări tendențioase pentru a sprijini anumite agende politice și religioase. Această manipulare i-a determinat pe mulți creștini să sprijine în mod necritic politicile statului modern Israel, adesea în detrimentul poporului palestinian”.

Înainte de compilarea sa, Consiliul din 553 d.Hr. a eliminat unele dintre cele mai importante învățături din textele originale, inclusiv referințele lui Iisus la reîncarnare. În plus, având în vedere numeroasele cărți care au fost complet respinse și cenzurate de-a lungul istoriei, adevărata Biblie, dacă ar fi asociată cu Iisus, ar prezenta o formă de creștinism foarte diferită de cea cunoscută astăzi. De fapt, ar putea duce la diverse expresii ale creștinismului similare cu cele care existau înainte de începerea persecuției și eradicării grupurilor promovate de Imperiul Roman. Tot ceea ce contrazicea versiunea oficială a Bisericii era înlăturat, indiferent de importanța sa. Printre aceste doctrine promovate energic de Biserică se numără ideea că păcatul rezultă din orice naștere rezultată în urma relațiilor sexuale între oameni, în timp ce sfințenia este asociată cu procrearea între o fecioară și un înger. Acest concept corespunde textelor mesopotamiene care se referă la marele păcat al paradisului: modificarea genetică care a permis ființelor umane să se reproducă independent. Anterior, se credea că procrearea avea loc doar între zei și oameni.

Textele antice sugerează că femeile umane erau fecundate de acești zei extratereștri, care de obicei se înconjurau de femei în acest scop. Referirile din Biblie la îngerii căzuţi care au avut relaţii cu femeile, la îngerii care au impregnat-o pe Maria şi alte femei şi la Iehova sunt toate referiri la aceleaşi fiinţe, nu la entităţi separate, aşa cum sugerează religiile abrahamice. În plus, dacă poveştile despre răpiri seamănă foarte mult cu descrierile Mariei, mama lui Iisus, nu este nerezonabil să sugerăm că mai mulţi Christos s-au născut pe Pământ şi în alte părţi ale universului.

După cum a observat Paul Anthony Wallis, „Când creştinii spun povestea lui Iisus, (...) este o poveste despre unicitatea lui Iisus. Dar când te uiţi din nou, realizezi că este foarte asemănătoare cu naşterea lui Ioan Botezătorul, a lui Isaac... Isaac este un exemplu de sarcină rezultată în urma unei întâlniri apropiate cu trei fiinţe cereşti. Părinţii săi, Avraam şi Sarah, au o întâlnire apropiată cu extratereştrii, iar apoi, în mod supranatural, Sarah rămâne însărcinată. Aceeaşi poveste este valabilă şi pentru Lao Tzu... şi ne dăm seama că această naraţiune a sarcinilor modificate, a inseminării artificiale şi a fertilizării in vitro... strămoşii noştri îi numeau copiii stelelor, dar povestea este mult mai amplă. Când auzim că Maria întâlneşte o fiinţă anormală şi apoi rămâne însărcinată cu cineva care este excepţional de conştient, inteligent şi puternic, ne dăm seama că aceasta face parte dintr-o poveste mult mai mare. Aşadar, nu ar trebui să fim surprinşi să găsim poveşti similare cu nume diferite care transmit aceleaşi idei” (În Jeff Mara Podcast).

Dacă toate seminţele stelare seamănă cu învăţăturile şi conştiinţa creştină, atunci adevăratul creştinism trebuie să fie recunoscut ca o ideologie înrădăcinată în familia interplanetară reprezentată de avatarurile care vin pe această planetă, precum Iisus. Nu trebuie să discredităm aceste evenimente din cauza diferenţelor lor; după cum arată multe întâlniri, extratereştrii prezintă, în general, iluzii care sunt în concordanţă cu ceea ce indivizii pot accepta. Prin urmare, este normal ca cei care cred doar în îngeri să îi vadă pentru a se simţi mai confortabil şi a participa la experienţă. Acest lucru poate explica de ce Maria l-a văzut pe Arhanghelul Mihail. Deşi nu putem şti definitiv ce a experimentat, este probabil că a întâlnit ceva care a făcut-o dispusă să ia parte la un experiment extraterestru.

În plus, este absurd să ne referim la ea ca la Fecioara Maria. După cum subliniază Don Stewart, „Dacă ar fi fost aşa, Iisus ar fi fost singurul copil. Cu toate acestea, Scripturile indică faptul că Iisus a avut fraţi şi surori. De asemenea, Matei 1:25 sugerează cu tărie că Iosif a avut relaţii sexuale normale cu Maria după naşterea lui Iisus. Prin urmare, acest pasaj oferă un argument puternic împotriva ideii că Maria a fost o fecioară perpetuă. În plus, Scripturile atestă că Iosif şi Maria au avut şi alţi copii care au fost fraţi şi surori ai lui Isus" (În Biblie, cu font albastru).

Capitolul 29:
Moştenirea lui Iisus

Biblia ne spune că, în timpul slujirii lui Isus, „nici măcar fraţii lui nu credeau în el" (Ioan 7:5). Cu toate acestea, ei au devenit ulterior lideri activi în biserica sa, iar doi dintre ei - Iacov şi Iuda - au scris scrisori care fac parte din Noul Testament. Acest lucru sugerează că ei au fost, de fapt, fraţi adevăraţi, fii biologici ai lui Iosif şi ai Mariei, şi nu fraţi vitregi. Unii cercetători sugerează chiar că unul dintre fraţi era geamăn. Profesorul Dale Martin, expert în Noul Testament şi profesor la Universitatea Yale, a dezvăluit că unele tradiţii creştine cred că Iisus a avut un frate geamăn. El a declarat într-una dintre prelegerile sale: „Fratele său a fost Didymus Judas Thomas. Didymus este cuvântul grecesc pentru „geamăn", în timp ce „Thomas" este semitic, fie ebraică, aramaică sau siriacă, toate limbi similare".

Martin continuă să explice: „Numele său «real» este Iuda, iar Didymus şi Thomas sunt poreclele sale - una greacă şi cealaltă semitică sau aramaică. Acest lucru a fost folosit ca dovadă de unele tradiţii creştine timpurii pentru a susţine că Toma a fost fratele geamăn al lui Iisus." Tradiţia tomitană, o formă de creştinism deosebit de populară în zonele din Orientul Mijlociu modern, îşi trasează credinţele înapoi la apostolul Toma şi susţine, de asemenea, ideea că Iisus şi Iuda au fost fraţi gemeni.

Este plauzibil şi nu este greu de acceptat că Iuda a fost şi el o sămânţă de stea ca Iisus, deşi a devenit unul dintre ucenicii săi. Aceasta ridică întrebarea: cine ar fi putut fi răstignit, dacă nu Iisus, ci Iuda? Multe secte ale vremii păreau să creadă acest lucru. Această informaţie a fost probabil suprimată pentru a sublinia unicitatea lui Iisus. Cu toate acestea, dacă Iisus şi Iuda au fost într-adevăr fraţi gemeni, ei ar împărtăşi aceeaşi descendenţă extraterestră şi acelaşi potenţial divin.

Acest lucru ne conduce la întrebarea de ce creştinii continuă să se refere la Maria ca la o fecioară şi la Iisus ca la singurul ei fiu. Aici găsim paralele mistice cu povestea egipteană a lui Isis. O mare parte din ceea ce a făcut Imperiul Roman cu creştinismul a fost să integreze diferitele religii ale imperiului, inclusiv multe credinţe păgâne din Orientul Mijlociu, şi apoi să-i persecute şi să-i elimine pe cei care nu au acceptat acest nou sistem de credinţe. Creştinismul nu a fost pur şi simplu religia Imperiului Roman, ci una dintre multele credinţe încorporate într-o strategie de a controla oamenii prin frica de Dumnezeu, promovând supunerea faţă de autoritate.

Această metodă s-a dovedit a fi mai eficientă decât forţa directă, iar de-a lungul timpului, regii şi reginele au adoptat strategii similare pentru a-şi menţine autoritatea asupra supuşilor lor. Diferitele confesiuni creştine care au apărut din această istorie în ultimii ani sunt pur şi simplu ramuri diferite ale aceleiaşi înşelătorii, care nu oferă nimic nou şi se bazează pe aceleaşi texte de bază.

Deşi Biblia poate fi tradusă în multe feluri, ea rămâne aceeaşi carte: o carte înrădăcinată în propaganda politică, controlul minţii, înşelăciune şi unificarea credincioşilor sub un sistem de hipnoză în masă. Biblia serveşte drept instrument de îndoctrinare menit să eradicheze păgânismul şi alte sisteme de credinţe care promovează gândirea independentă şi explorarea întregului nostru potenţial prin intermediul artelor, acum relegate în domeniul ocultului, al magiei şi al practicilor mistice.

Orchestrarea acestei suprimări a fost atât de eficientă încât, până în prezent, rareori asistăm la apariţia unor noi religii care să poată concura pe un teren de joc echitabil. De fapt, majoritatea oamenilor sunt atât de influenţaţi de propria lor cultură - adesea impregnată de valori creştine - încât resping practicile spirituale care nu îl menţionează pe Iisus. Cu toate acestea, numai prin integrarea adevăratelor învăţături ale lui Iisus, aşa cum au fost prezentate în aramaica originală şi exprimate pe deplin în scripturile gnostice, care erau considerate eretice şi interzise, se pot înţelege cu adevărat învăţăturile atribuite lui Iisus Hristos.

Este demn de remarcat faptul că era obişnuit ca sectele din acea vreme să folosească un singur nume pentru a reprezenta un întreg grup. Grecii, de exemplu, grupau diverse fiinţe extraterestre sub termenul „Dumnezeu" şi, la fel, scriau sub pseudonimul Hermes Trismegistus, un colectiv derivat din vechile tradiţii egiptene. În mod similar, cărţile Bibliei - în special Vechiul Testament - sunt adesea atribuite unor autori specifici, precum Moise, David sau Solomon. Cu toate acestea, multe dintre aceste texte au fost probabil compilate şi editate de diverşi scribi şi savanţi de-a lungul secolelor, iar autorii atribuiți servesc drept figuri simbolice reprezentând paternitatea colectivă.

Folosirea unui singur nume pentru a reprezenta un întreg grup era o practică comună în Grecia și în alte părți ale lumii, simplificând în mod eficient un șir de învățături sub un singur autor. Această practică era frecventă în special în cultele religioase, dar nu exclusiv. De exemplu, deși Confucius este adesea creditat ca autor al Analectelor și al altor lucrări, mulți cercetători cred că aceste texte au fost compilate și editate de discipolii și adepții săi de-a lungul timpului. Astfel, numele „Confucius" reprezintă o tradiție mai largă de gândire și învățătură, mai degrabă decât opera unui singur individ.

Cu toate acestea, este rezonabil să presupunem că Iisus ar fi putut fi o figură mitologică care nu a existat cu adevărat sau, dacă a existat, ar fi putut fi foarte diferit de reprezentarea pe care o avem astăzi. La fel cum noi inventăm povești despre viața noastră despre care știm că nu sunt adevărate, dar pe care alții le cred, oamenii pot inventa povești despre viața lui Isus care nu sunt adevărate, dar pe care alții le cred.

Capitolul 30: În căutarea adevărului

În propria mea viață, am întâlnit mulți oameni care sunt absolut convinși că știu cine sunt și preferă să bârfească despre mine decât să caute direct adevărul. Ei cred că imaginația lor este mai adevărată decât realitatea mea. Am observat acest lucru la universități, în diverse organizații religioase, inclusiv în Rosicrucieni și alte grupuri ezoterice, și în alte locuri. Oamenii inventează adesea povești false despre mine. Dacă acest lucru mi se întâmplă mie, pot doar să-mi imaginez cât de departe vor merge oamenii pentru a vorbi despre cineva care poate că nu a existat niciodată.

Oamenii sunt obsedați de fantezii. Își acceptă nebunia și o legitimează sub masca religiei, validându-și iluziile prin intermediul unui colectiv care împărtășește aceeași schizofrenie. În multe grupuri creștine emergente, se pare că membrii concurează pentru a vedea cine poate fi cel mai imaginativ, deoarece cei cu cele mai fertile imaginații tind să atragă cea mai mare atenție. Cu toate acestea, cred că, cu cât înțelegem mai mult adevăratul mesaj al adevăraților profeți, cu atât vom realiza mai mult importanța integrării umanității cu alte ființe extraterestre. Perioade istorice, medii culturale şi vocabulare diferite fac ca Starseeds să exprime adevăruri universale în moduri aparent diferite, dar aceste mesaje transmit trei principii importante:

Unitate: facem cu toţii parte dintr-o mare familie şi nu trebuie să discriminăm pe nimeni din cauza aspectului sau originii sale.

Cooperare: trebuie să lucrăm împreună pentru a realiza o evoluţie care să ne promoveze supravieţuirea pe această planetă şi în întreaga galaxie.

Compasiune: trebuie să rezolvăm şi să eliminăm conflictele cu compasiune şi empatie pentru toată lumea şi să ne străduim să devenim mai compasivi.

Această ultimă valoare este strâns legată de ceea ce ne învaţă scripturile creştine despre iubirea duşmanilor. Acest lucru nu înseamnă că ar trebui să acceptăm pasiv încercările de a ne face rău; dimpotrivă, ar trebui să îi vedem pe cei care ni se opun ca fiind bolnavi mintal, ceea ce ne permite să îi iertăm şi să ne depăşim experienţele traumatice. Între timp, nu trebuie să rămânem pasivi în faţa eforturilor de a suprima adevărul. În ultimele decenii, multe lucruri au fost ignorate şi ascunse sub umbrela „arheologiei interzise", deoarece comunitatea ştiinţifică nu este încă pregătită să se reorganizeze şi să-şi rişte credibilitatea prin dezvăluirea descoperirilor legate de interferenţa extraterestră.

Michael A. Cremo, cercetător asociat în istoria arheologiei şi membru al Comitetului Arheologic Mondial, a declarat: „Va fi dificil să se accepte faptul că fiinţe umane ca noi există doar de aproximativ 100 000 sau 200 000 de ani şi că înainte de aceasta au existat doar strămoși umani mai primitivi" (In Talks at Google). Majoritatea oamenilor continuă să se agațe de credințe învechite, interpretări greșite și minciuni deoarece societatea nu este pregătită să accepte adevărul. Acest adevăr necesită un nou nivel de conștiință care să le permită oamenilor să vadă realitatea așa cum este ea cu adevărat.

Integrarea învățăturilor spirituale autentice, combinată cu acceptarea originilor noastre extraterestre și a interferenței extratereștrilor, este fundamentală pentru evoluția umanității. Pe măsură ce progresăm, este imperativ să punem la îndoială narațiunile care ne-au fost impuse și să căutăm adevărul dincolo de vălul înșelăciunii. În acest fel, putem începe să vindecăm diviziunile create de dogmele religioase și să acceptăm adevărurile care ne unesc. Această călătorie este esențială dacă dorim să evoluăm ca specie și să ne ocupăm locul cuvenit în univers.

În cele din urmă, adevărul ne va elibera, dar numai dacă suntem dispuși să îl acceptăm și să îl integrăm în viața noastră. Drumul către eliberarea spirituală este pavat cu cunoaștere, înțelegere și curajul de a contesta status quo-ul. Ea ne cere să abandonăm iluziile trecutului și să acceptăm realitatea prezentului pentru a construi un viitor la înălțimea potențialului nostru divin.

Istoria omenirii, așa cum o cunoaștem, este o narațiune atent elaborată, menită să ne țină în întuneric cu privire la adevăratele noastre origini și potențial. Dosarul istoric oficial este plin de lacune, inconsecvențe și invenții, toate menite să mențină status quo-ul și să ne împiedice să punem la îndoială natura existenței noastre. Cu toate acestea, pătrunzând în istoria ascunsă a umanității, putem începe să descoperim adevărul care a fost suprimat timp de milenii.

Capitolul 31: Civiliza ii antice

Unul dintre cele mai fascinante aspecte ale istoriei noastre ascunse este existența unor civilizații antice avansate, anterioare înțelegerii noastre actuale a dezvoltării umane. Civilizații precum Atlantida și Lemuria sunt adesea respinse ca mituri, însă există dovezi convingătoare că acestea au fost reale și posedau tehnologii mult mai avansate decât cele pe care le avem astăzi. Legendele Atlantidei descriu o societate foarte avansată care a existat cu mii de ani în urmă, caracterizată printr-o arhitectură sofisticată, inginerie și chiar forme avansate de energie. Filozoful grec Platon a scris despre Atlantida în dialogurile sale „Timaeus" și „Critias", descriind-o ca fiind o națiune insulară puternică care s-a scufundat în urma unui cataclism.

Deși istoricii tradiționali resping în general aceste relatări ca fiind simple mituri, există paralele intrigante între descrierile Atlantidei și ruinele orașelor antice descoperite în întreaga lume, cum ar fi cele din Egipt, Peru și Mexic. În mod similar, legenda Lemuriei, cunoscută și sub numele de Mu, descrie un continent care a existat odată în Oceanul Pacific. Se spune că această civilizație a precedat Atlantida și a posedat cunoștințe avansate despre natură și cosmos.

Deși dovezile fizice ale Lemuriei sunt rare, numeroasele legături culturale și lingvistice dintre popoarele din regiunea Pacificului sugerează o ascendență și o origine comună.

Extratereștrii au jucat un rol semnificativ în dezvoltarea umanității. De-a lungul istoriei, diverse relatări descriu întâlniri cu ființe din alte lumi, prezentate de obicei ca zei, îngeri sau alte entități supranaturale. Aceste întâlniri au influențat profund cultura, religia și tehnologia umană. De exemplu, textele sumeriene antice fac referire la o rasă de ființe cunoscute sub numele de Anunnaki, care ar fi venit pe Pământ de pe planeta Nibiru. Conform acestor texte, Anunnaki ar fi creat omenirea prin inginerie genetică, combinând ADN-ul lor cu cel al primilor hominizi. Această intervenție ar fi dat naștere speciei umane moderne, înzestrată cu caracteristici și potențial unice.

În mod similar, civilizația egipteană antică a fost profund influențată de contactul cu ființe extraterestre. Zeii Egiptului, precum Ra, Osiris și Isis, sunt adesea descriși ca fiind veniți din stele și posedând cunoștințe și tehnologii avansate. Piramidele și alte structuri monumentale din Egipt atestă abilitățile avansate de inginerie și arhitectură ale acestor popoare antice, abilități care ar fi putut fi dobândite prin contactul cu ființe extraterestre. În ciuda abundenței dovezilor care susțin existența civilizațiilor antice avansate și a intervenției extraterestre, aceste cunoștințe au fost sistematic suprimate de către cei aflați la putere.

Motivele acestei suprimări sunt complexe și variate, dar în cele din urmă provin din dorința de a menține controlul asupra maselor și de a le împiedica să pună la îndoială ordinea stabilită și instituțiile sale. Unul dintre principalele mijloace de suprimare a acestor cunoştinţe este controlul educaţiei şi al mass-mediei. Documentele istorice oficiale sunt atent selectate pentru a exclude orice dovadă care le contrazice. Cei care îndrăznesc să conteste această poveste sunt adesea ridiculizaţi, marginalizaţi sau chiar persecutaţi.

În plus, dezinformarea şi propaganda sunt utilizate pentru a ascunde adevărul. Sunt create şi diseminate relatări false pentru a deruta şi induce în eroare publicul, făcând dificilă distincţia între realitate şi ficţiune. Acest lucru este evident în special în domeniul ufologiei şi al studiului fenomenelor extraterestre, unde dovezile reale sunt adesea împletite cu farsele şi dezinformarea.

În ciuda eforturilor celor aflaţi la putere de a suprima adevărul, o mişcare din ce în ce mai mare de indivizi se trezeşte la istoria ascunsă a umanităţii şi la rolul jucat de fiinţele extraterestre în dezvoltarea noastră. Această trezire este alimentată de dorinţa de a înţelege adevărata natură a existenţei noastre şi de a ne revendica suveranitatea spirituală. Pe măsură ce continuăm să desluşim istoria ascunsă a umanităţii, realizăm că nu suntem singuri în univers şi că facem parte dintr-o familie cosmică mult mai mare. De fapt, potrivit lui Alex Collier, există 135 de miliarde de fiinţe umane în universul nostru şi 100 de trilioane de galaxii locuite. Acest lucru implică un număr semnificativ de civilizaţii care urmează să fie descoperite. Cel mai interesant este că există un număr mare de planete asemănătoare Pământului, gata să fie locuite de fiinţe umane motivate de iubire şi de un sentiment de unitate, care pot construi noi civilizaţii şi pot îndrepta greşelile strămoşilor lor de pe Pământ.

Această realizare are implicații profunde pentru înțelegerea noastră și a locului nostru în univers. De asemenea, are potențialul de a ne transforma lumea dacă adoptăm valorile compasiunii, empatiei și unității care se află în centrul adevăratelor învățături spirituale. Această căutare necesită umilința de a studia, de a asimila noi moduri de gândire și de a evolua dincolo de ceea ce am considerat odată natura umană. Este înțelept să vă pregătiți spiritual pentru această ascensiune învățând despre diferitele culturi de pe Pământ, apreciind diferențele noastre și înțelegând ce ne pot oferi acestea pentru a deveni indivizi mai buni.

Epilog

Î n încheierea explorării noastre a poveştilor ascunse şi a adevărurilor spirituale care ne modelează existenţa, ne reamintim de interconectarea tuturor fiinţelor şi de importanţa vitală a compasiunii, empatiei şi unităţii. Călătoria prin „Cunoştinţe Interzise" a dezvăluit suprimarea sistematică a cunoaşterii de către cei puternici şi manipularea educaţiei şi a mass-media pentru a menţine controlul asupra maselor. În ciuda acestor provocări, o mişcare în creştere de indivizi se trezeşte la istoria ascunsă a umanităţii şi la rolul fiinţelor extraterestre în dezvoltarea noastră. Prin adoptarea valorilor compasiunii, empatiei şi unităţii, ne putem transforma lumea şi ne putem ocupa locul cuvenit în univers. Drumul către eliberarea spirituală este pavat cu cunoaştere, înţelegere şi curajul de a contesta status quo-ul. Pe măsură ce continuăm să desluşim istoria ascunsă a umanităţii, ne reamintim că adevărul ne va elibera, dar numai dacă suntem dispuşi să îl acceptăm şi să îl integrăm în viaţa noastră.

Bibliografie

Cremo, M. A. (1993). *Forbidden Archeology: The Hidden History of the Human Race*. Bhaktivedanta Book Publishing.

Fenton, D., & Fenton, B. R. (2019). *Hybrid Humans*. New Page Books.

Makukov, M. A., & Cherbak, V. I. (2012). The "Wow! signal" of the terrestrial genetic code. Icarus, 224(1), 228-242.

Martin, D. B. (2010). *New Testament History and Literature*. Yale University Press.

Plackett, B. (2021, April 21). How many human species have ever existed? *Live Science*. In www.livescience.com.

Plato. (n.d.). *Timaeus and Critias*. Ancient Greek texts discussing the legend of Atlantis.

Sitchin, Z. (1976). *The 12th Planet*. Bear & Company.

Wallis, P. A. (2019). *Escaping from Eden*. Bear & Company.

WikiLeaks. (n.d.). *The Global Intelligence Files*. Release of emails revealing intelligence operations.

Glosar de termeni

Anunnaki: grup de zeități sau ființe extraterestre menționate în textele sumeriene antice. Acestea sunt adesea asociate cu crearea umanității și cu transferul de cunoștințe și tehnologii avansate.

Atlantida: insulă legendară descrisă de filozoful grec Platon. Se crede că a găzduit o civilizație avansată, distrusă de un cataclism. Atlantida este adesea citată ca exemplu de civilizație antică pierdută cu o tehnologie remarcabilă.

Civilizații antice: societăți avansate care au existat într-un trecut îndepărtat și care au fost caracterizate prin arhitectură sofisticată, tehnologie și realizări culturale. Exemple notabile includ Atlantida, Lemuria și Egiptul Antic.

Dezinformare: informații false sau înșelătoare diseminate în mod deliberat pentru a manipula opinia publică. Această tactică este adesea folosită de cei aflați la putere pentru a suprima sau distorsiona adevărul.

Dogmă religioasă: un set de credințe sau doctrine care sunt acceptate ca incontestabile și cu autoritate într-un context religios.

Dogma religioasă poate limita explorarea spirituală şi căutarea adevărului.

Inginerie genetică: manipularea deliberată a materialului genetic al unui organism pentru a produce caracteristicile dorite. În contextul civilizaţiilor antice, acest concept este adesea asociat cu Anunnaki şi presupusul lor rol în crearea umanităţii.

Istorie ascunsă: evenimente, cunoştinţe sau relatări care au fost în mod deliberat suprimate, obscure sau distorsionate. Acest termen este utilizat pentru a descrie aspecte ale istoriei care contestă sau contrazic naraţiunea oficială.

Iluminare: este starea de trezire sau de înţelegere spirituală care transcende conştiinţa obişnuită. Este adesea asociată cu realizarea adevăratei naturi a individului şi a interconectării tuturor fiinţelor.

Lemuria: ipotetic continent pierdut sau civilizaţie despre care se crede că ar fi existat în Oceanul Pacific. La fel ca Atlantida, Lemuria este adesea citată ca un exemplu de civilizaţie antică avansată cu tehnologie şi cunoştinţe sofisticate.

Manipularea educaţiei: controlul sau denaturarea deliberată a conţinutului educaţional pentru a îndeplini o anumită agendă sau pentru a suprima anumite cunoştinţe. Aceasta poate include omiterea unor evenimente istorice relevante sau promovarea unor relatări tendenţioase.

Manipularea mijloacelor de informare în masă: controlul sau denaturarea informaţiilor difuzate de diverse mijloace de informare în masă pentru a influenţa opinia publică sau a suprima anumite adevăruri. Aceasta poate include dezinformarea și propaganda.

Înțelepciune divină: cunoștințe și intuiție atribuite unor surse divine sau supranaturale, transmise de obicei prin texte religioase, mituri și legende. Exemplele includ înțelepciunea zeilor egipteni și învățăturile unor figuri iluminate precum Iisus.

Ființe extraterestre: acestea sunt entități sau ființe care vin din afara Pământului. Acestea sunt adesea asociate cu civilizații și tehnologii avansate, iar implicarea lor în istoria omenirii face obiectul multor speculații și dezbateri.

Suveranitate spirituală: un concept care implică revendicarea autonomiei spirituale și a libertății față de controlul sau influența externă. Aceasta implică îmbrățișarea adevăratei naturi și a potențialului divin al cuiva, de obicei prin căutarea iluminării și a creșterii spirituale.

Suprimarea cunoștințelor: ascunderea sau obstrucționarea deliberată a informațiilor de către cei aflați la putere, cu scopul de a le menține sau de a împiedica diseminarea anumitor adevăruri. Aceasta poate include manipularea educației și a mass-media, precum și dezinformarea.

Văl de înșelăciune: o barieră metaforică care întunecă adevărul, creată de obicei prin suprimarea cunoștințelor, dezinformare și manipularea educației și a mass-media. Acest termen descrie iluziile și înșelăciunile care îi împiedică pe oameni să înțeleagă adevărata natură a realității.

Cerere de recenzie de carte

Despre autor

Dan Desmarques este un autor de renume, cu un palmares remarcabil în lumea literară. Cu un portofoliu impresionant de 28 de bestselleruri pe Amazon, inclusiv opt bestselleruri numărul 1, Dan este o figură respectată în industrie. Bazându-se pe trecutul său de profesor universitar de scriere academică și creativă, precum și pe experiența sa de consultant de afaceri experimentat, Dan aduce o combinație unică de expertiză în munca sa. Perspectivele sale profunde și conținutul său transformator se adresează unui public larg, acoperind subiecte atât de diverse precum creșterea personală, succesul, spiritualitatea și sensul profund al vieții. Prin intermediul scrierilor sale, Dan îi împuternicește pe cititori să se elibereze de limitări, să-și elibereze potențialul interior și să pornească într-o călătorie de autodescoperire și transformare. Pe o piață competitivă de auto-ajutorare, talentul excepțional și poveștile inspirate ale lui Dan fac din el un autor de excepție, motivându-i pe cititori să se implice în cărțile sale și să pornească pe calea creșterii și iluminării personale.

Scris tot de autor

1. 66 Days to Change Your Life: 12 Steps to Effortlessly Remove Mental Blocks, Reprogram Your Brain and Become a Money Magnet

2. A New Way of Being: How to Rewire Your Brain and Take Control of Your Life

3. Abnormal: How to Train Yourself to Think Differently and Permanently Overcome Evil Thoughts

4. Alignment: The Process of Transmutation Within the Mechanics of Life

5. Audacity: How to Make Fast and Efficient Decisions in Any Situation

6. Beyond Belief: Discovering Sacred Moments in Everyday Life

7. Beyond Illusions: Discovering Your True Nature

8. Beyond Self-Doubt: Unleashing Boundless Confidence

Despre editor

Această carte a fost publicată de Editura 22 Lions Publishing.

www.22Lions.com